BC 2333 — 고조선 건국
천제 환인의 손자이며 환웅의 아들인 단군이 아사달에 도읍을 정하고 건국한 나라. 우리나라 최초의 국가로 우리 민족의 전통과 문화의 중심이 되는 국가임.

BC 108 — 고조선 멸망
한(漢) 무제의 침입으로 왕이 살해되고 멸망함. 한나라는 낙랑·진번·임둔·현도에 군현을 설치하고 직접 통치에 나섬. 이 무렵 부여, 동예, 옥저 등의 주변국이 있었음.

BC 37 — 고구려 건국
천제의 아들 해모수와 하백의 딸 유화 사이에서 태어난 주몽이 부여를 떠나 졸본에 세운 나라. 주몽은 동명왕, 추모왕으로 불림.

BC 200년경 — 삼한시대
한반도 남쪽의 진(辰)이 마한·진한·변한으로 형성됨.

BC 57 — 신라 건국
자주색 알에서 태어난 박혁거세가 여섯 촌장의 지지를 얻어 거서간이 된 후 세운 나라. 국호를 서라벌이라 함.

BC 18 — 백제 건국
주몽의 두 아들 온조와 비류가 남하하여 하남 위례성(서울)과 미추홀(인천)에 각각 도읍을 정했다가 온조가 통합하여 나라 이름을 백제라 고침.

금관가야 건국
하늘에서 내려온 알에서 깨어난 김수로에 의해 금관가야가 건국됨.

- 21년: 고구려, 대무신왕이 부여 공격
- 32년: 호동왕자의 활약으로 고구려, 낙랑 정복
- 42년: (금관가야 건국)
- 53년: 고구려, 동옥저 정복
- 65년: 신라 국호 '계림'으로 바꿈
- 194년: 고구려, 진대법 실시
- 209년: 고구려, 환도성으로 천도
- 244년: 위나라 관구검, 고구려 수도 환도성 함락함
- 300년: 고구려 미천왕, 요동의 서안평 공격
- 313년: 고구려 미천왕, 한사군 멸망시킴
- 346년: 백제 근초고왕, 고구려 침입하여 고국원왕 전사시킴
- 356년: 신라, 왕호 '이사금'에서 '마립간'으로 바꿈
- 400년: 신라 내물왕 요청으로 고구려 광개토대왕 파병
- 413년: **광개토대왕 사망**
(374~413년). 고구려 제19대 왕. 소수림왕(제17대)의 뒤를 이은 고국양왕(제18대)아들. 고구려의 역대 왕 중에서 고구려의 영토와 세력권을 크게 넓힌 왕.

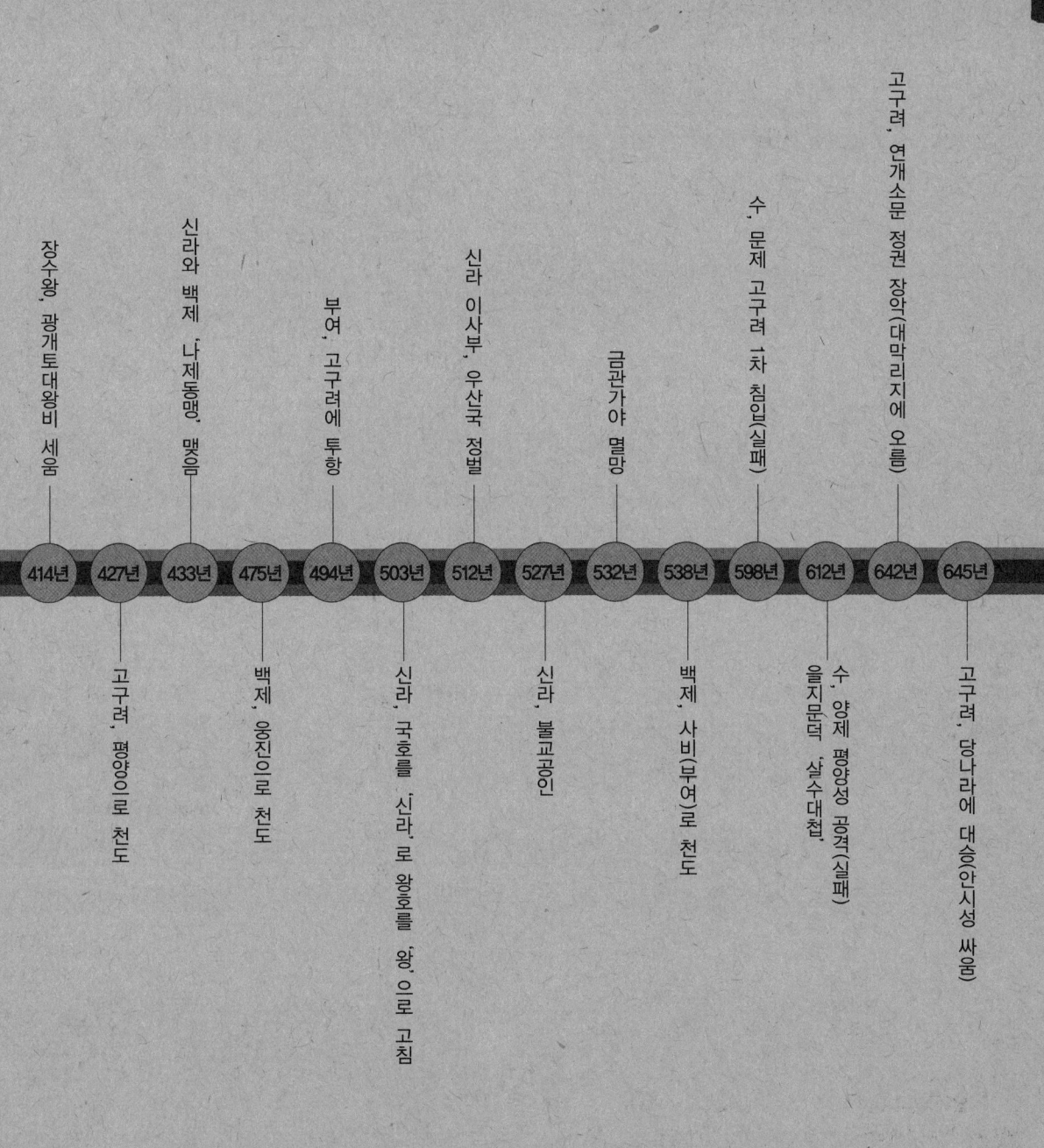

- 414년: 장수왕, 광개토대왕비 세움
- 427년: 고구려, 평양으로 천도
- 433년: 신라와 백제 '나제동맹' 맺음
- 475년: 백제, 웅진으로 천도
- 494년: 부여, 고구려에 투항
- 503년: 신라, 국호를 '신라'로 왕호를 '왕'으로 고침
- 512년: 신라 이사부, 우산국 정벌
- 527년: 신라, 불교공인
- 532년: 금관가야 멸망
- 538년: 백제, 사비(부여)로 천도
- 598년: 수, 문제 고구려 1차 침입(실패)
- 612년: 수, 양제 평양성 공격(실패) 을지문덕 '살수대첩'
- 642년: 고구려, 연개소문 정권 장악(대막리지에 오름)
- 645년: 고구려, 당나라에 대승(안시성 싸움)

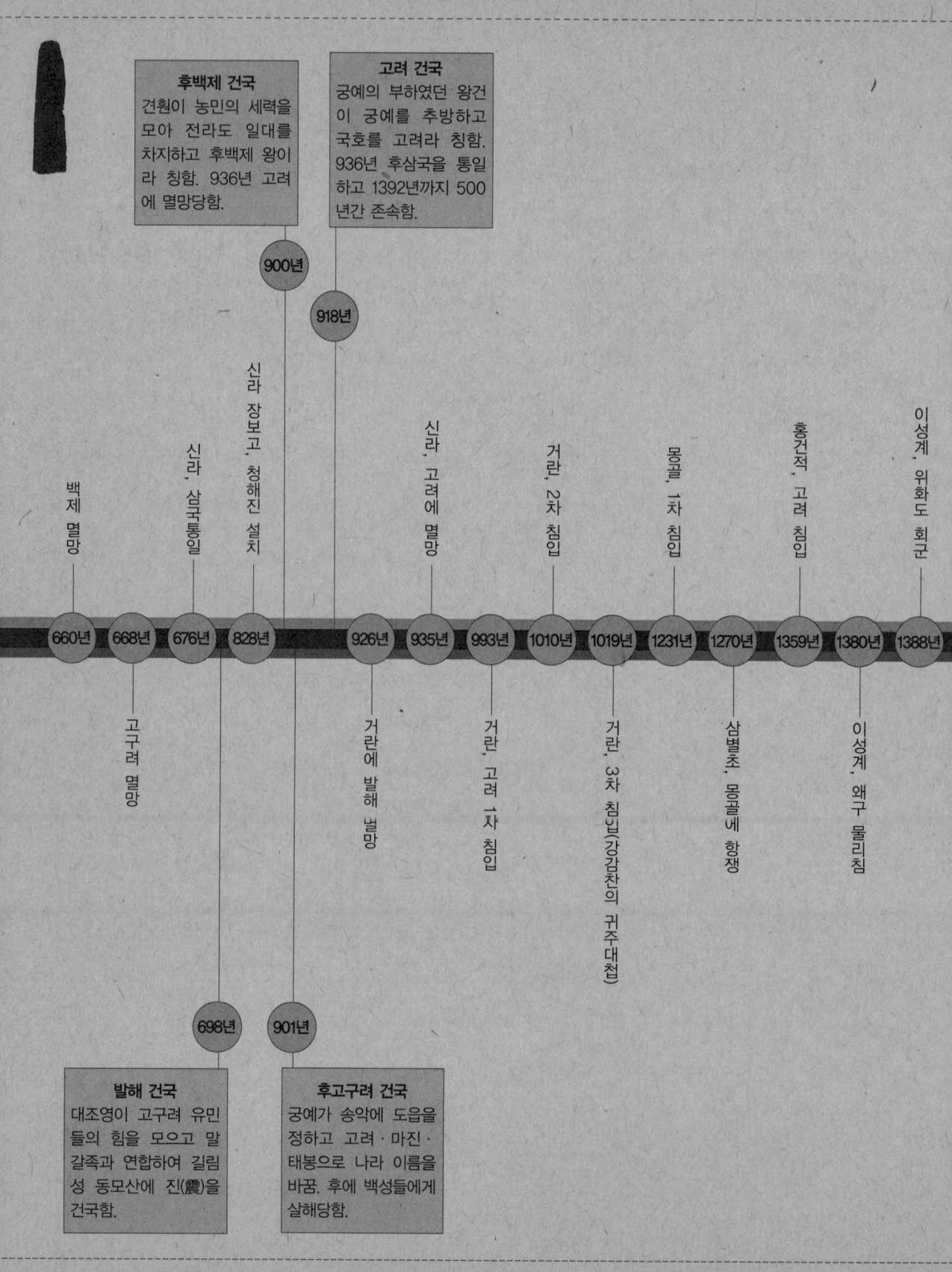

광개토대왕

글 민병덕 / 논술 손민정 / 그림 원유일

廣開土大王

광개토대왕

글 민병덕 / 논술 손민정 / 그림 원유일

1. 광개토대왕 발자취
2. 산 따라 강 따라
   -가족과 함께 떠나는 체험학습
3. 생각과 표현
   -전문가가 제시하는 논술문제 10

글동산

　지구상에 사람이 살기 시작한 이후 어느 나라에나 위대한 인물들이 있습니다. 우리나라도 5천 년의 역사를 이어 오는 동안 나라와 민족을 위해 자기 생애를 바쳐 위대한 업적을 남긴 인물들이 많습니다.

　그 중에서도 광개토대왕은 중국의 침략 위협으로 고구려가 위기에 처했을 때 지혜와 용기로 위기에서 나라를 구해냈을 뿐 아니라, 오히려 영토를 넓히는 등의 업적을 남김으로써 역사의 한 획을 그은 위대한 인물입니다.

　최근 중국은 '동북공정東北工程'을 통하여 고구려의 역사는 물론, 발해의 역사까지 빼앗아 중국의 역사로 삼으려고 시도하고 있습니다. 그러나 광개토대왕의 영토 확장과정을 보면, 고구려를 비롯한 백제와 신라 등 삼국은 언어가 서로 통하며 같은 민족이라는 의식이 있었습니다. 같은 언어를 사용하고, 같은 문화생활을 한다고 하는 것은 바로 한민족이라는 증거입니다.

　그러나 중국은 우리나라가 통일이 되면 옛날에 우리 영토였던 북간도 지역인 간도에 대한 지배권을 확보하기 위해 고구려와 발해의 역사를 빼앗는 동북공정을 추진하는 것입니다. 이것을 막는 길은 오직 고구려의 위대한 역사가 우리 역사임을 증명하는 길밖에 없습니다. 그 중의 하나가 바로 광개토대왕의 역사와 문화를 찾는 것입니다.

　우리 청소년들이 배우고 기억해야 할 광개토대왕의 위대한 점은 다음과 같습니다.

　첫째, 여러분은 광개토대왕을 통해 미래를 스스로 개척하는 정신을 배워야 합니다. 광개토대왕은 39세라는 짧은 생애를 살았지만 언제나 미래를 준비하면서 앞일을 계획하고 내다보았습니다. 조상들의 삶과 살아온 발자취를 돌아보면 많은 교훈과 슬기를 배울 수 있습니다.

　둘째, 여러분은 광개토대왕을 통해 관용과 포용의 정신을 배워야 합니다. 오늘날 우리는 서로를 미워하며 헐뜯는 경우가 종종 있습니다.

　광개토대왕은 적일지라도 자기에게 충성을 다짐하거나 어린이, 노인, 병자들, 그리고 연약한 부녀자들에 대해서는 모두 고구려 백성과 똑같이 대우하며 보살폈습니다. 위인들의 삶을 통해 많이 생각하고, 깨닫고, 실천하는 삶을 산다면 우리들이 살아가는 데 실수나 후회가 있을 수 없을 것입니다.

　끝으로, 필자는 이 책이 청소년 여러분에게 소중한 정신적인 마음의 양식이 되고, 여러분의 가슴에 광개토대왕의 나라 사랑 정신이 새겨지는 한 권의 양서가 되기를 간절히 바랍니다.

민병덕

1. 광개토대왕 발자취

1. 원대遠大한 꿈을 가진 소년	10
재미있는 고구려 이야기 01 ǀ 고구려시대에도 노숙자가 있었나요?	38
2. 태자가 된 담덕	40
재미있는 고구려 이야기 02 ǀ 고구려시대에도 김치가 있었을까요?	52
3. 군사를 기르다	54
재미있는 고구려 이야기 03 ǀ 고구려를 비롯한 삼국三國의 백성들끼리는 말이 통했을까요?	66
4. 임금이 되다	68
재미있는 고구려 이야기 04 ǀ 고구려시대에도 화장을 했다면서요?	72
5. 자주국가를 이루다	74
재미있는 고구려 이야기 05 ǀ 고구려의 인구는 얼마였을까요?	90
6. 백제를 쳐라	92
재미있는 고구려 이야기 06 ǀ 고구려 사람들은 흰옷을 즐겨 입었다면서요?	116
7. 백제가 항복하다	118
재미있는 고구려 이야기 07 ǀ 고구려에서는 신랑이 열 살 정도가 되면 결혼을 시켰다면서요?	136

8. 왜구를 물리치다   **138**
   재미있는 고구려 이야기 08 | 고구려에도 왕권을 상징하는 물건이 있었다면서요?   **150**

9. 만리장성을 넘어라   **152**
   재미있는 고구려 이야기 09 | 우리나라 최초의 도서관이 고구려에서 만들어졌다면서요?   **166**

10. 강대국 고구려   **168**
   재미있는 고구려 이야기 10 | 고구려에서 방에 온돌을 설치했다면서요?   **178**

11. 하늘이 시샘하다   **180**
   재미있는 고구려 이야기 11 | 고구려에서는 왕이 죽으면 산 사람도 함께 묻었다면서요?   **192**
   우리 역사 바로 알기 | 일본이 거짓으로 고친 광개토대왕비 탁본   **194**

2. 산 따라 강 따라

1. 고구려의 기상이 있는 도읍지, 국내성   **198**
2. 태왕릉 앞에 서니   **203**

3. 생각과 표현

전문가가 제시하는 논술문제 10   **210**

1. 원대_{遠大}한 꿈을 가진 소년

소수림왕
고구려 제17대 왕(재위 371~384년). 태학(太學)을 세워 제자를 가르쳤으며, 율령(律令)을 반포하였다. 375년, 초문사(肖門寺)를 지어 스님 순도를 머물게 하고, 또 이불란사(伊弗蘭寺)를 세워서 아도(阿道)를 주지로 삼으니, 이것이 우리나라 불교의 시초가 되었다. 왕세자가 없었으므로 동생 이련(伊連)에게 대를 물렸다.

왕제
왕의 아우.

고국원왕
고구려 제16대 왕(재위 331~371). 이름은 사유(斯由)·쇠(釗)·유(劉). 동왕 12년(342년)에 도읍을 환도성(丸都城)으로 옮겼다가, 13년(343년)에 평양의 동황성(東黃城)으로 다시 천도하였다. 백제 근초고왕과 평양에서 싸우다가 전사하였다.

고구려 제17대 임금인 소수림왕_{小獸林王}은 왕비와 함께 산책을 하고 있었다. 정원을 거닐던 왕비가 먼저 조심스럽게 말을 건넸다.
"마마, 왕제_{王弟}에게 아들이 있지 않사옵니까?"
"그렇지요. 담덕이 있지요."
"담덕에게 다음 왕위_{王位}를 잇게 하는 건 어떨까요?"
"담덕에게 왕위를?"
왕비의 말에 소수림왕은 깜짝 놀랐다. 사실 소수림왕도 겉으로 드러내 표현하지는 않았지만 왕비와의 사이에 자식이 없어 늘 걱정을 하고 있던 참이었다. 다음 왕위를 누구에게 맡겨야 할지 고민이 이만저만이 아니었다.
소수림왕은 아버지 고국원왕_{故國原王}이 평양성_{平壤城}에서 백제군을 맞아 싸우다가 전사하는 바람에 갑작스럽게 임금의 자리에 올랐다. 그러나 아버지를 여읜 슬픔에 잠길 틈도 없었다. 혼란에 빠진 백성들의 마음을 안정시키고자 전진前秦에서 스님 순도를 모셔와 불교를 널리 장려하는 일부터 진행하였다. 또 한편으로는 백성들과 나라를 이끌 젊은이를 기르기 위하여 국립대학인 태학太學도 세웠다. 그리고 나라의 법인 율령律令을 반포하여 고구려의 기틀을 다져놓았다.

이러한 기틀을 바탕으로 고구려를 더욱 발전시킬 임금을 정하는 것은 무엇보다도 중요한 일이었다. 그런데 왕비가 소수림왕의 고민을 알고 먼저 말을 꺼낸 것이다.

"담덕이라……, 어린아이답지 않게 마음 씀씀이도 의젓하고, 몸도 튼튼한 아이이니 임금의 재목으로 나무랄 데가 없는 것 같소. 중전中殿의 뜻이라면 짐이 따르겠지만, 그리 되면 중전이 섭섭하지 않겠소?"

"섭섭하다니요? 오히려 마음이 한결 가볍습니다. 그동안 폐하의 후사를 이을 왕자가 없어 신첩臣妾도 걱정이 많았사옵니다."

"그런데 중전, 왕제가 짐의 뜻을 받아들일 것 같소?"

"폐하의 뜻을 따르는 왕제가 아니시옵니까?"

"그렇긴 하오만……."

왕비는 자신만만해했지만, 소수림왕은 동생 이련伊連이 자신의 아들에게 왕위를 잇도록 허락할 것인지 궁금했던 것이다.

"그럼 왕제를 불러 폐하께서 뜻을 물으시면 되지 않겠습니까?"

"그게 좋겠소."

태학
고구려 때의 교육기관. 372년 전진(前秦)의 영향을 받아 중앙에 설치한 국립학교. 경학·문학·무예 등을 교육하였으며, 상류계급의 자제(子弟)만 입학이 허용되었다.

신첩
왕비나 후궁이 임금에게 대하여 자신을 낮추어 이르는 말.

소수림왕은 군대를 총지휘하는 도독都督으로 있는 동생 이련을 불렀다.

"폐하, 부르셨습니까?"

"어서 오게, 도독. 그래, 군사들 훈련은 어떤가?"

"폐하께서 넓게 마음을 써주셔서 훈련은 잘 되고 있습니다. 언젠가는 선왕의 원수를 갚고야 말겠습니다."

"그렇고말고. 꼭 아버님의 원수를 갚아야 하네. 그래야만 죽어서 아버님을 만나도 떳떳한 아들이 되는 것이지."

두 사람은 오랜만에 손을 맞잡으며 왕과 신하가 아닌 형제로 돌아가 우애友愛를 다졌다.

"도독, 내 긴히 아우에게 할 말이 있어 불렀네."

이련은 궁금하다는 듯이 소수림왕을 쳐다보았다. 그러나 소수림왕은 쉽게 입을 열지 못하고 망설이고 있었다.

"폐하, 무슨 말씀인데 그렇게 어려워하십니까? 제게 못할 말씀이 무엇이옵니까? 어서 말씀해 보옵소서!"

"저, 그게……. 아우의 아들 담덕이 올해 몇 살이던가?"

"아홉 살입니다."

"아홉 살이라? 그래, 학문은 시작했는가?"

"예, 이제 사서四書를 시작했습니다. 그리고 무예에도 관심이 깊어 칼을 곧잘 씁니다."

"아니 어린 것이 다치면 어찌하려고 칼을 준단 말인가?"

"벽에다 단검 던지기를 즐겨하여 다치지 않고 제법 던집니다."

사서
중국의 7대 고전(古典) 중 〈대학 大學〉〈논어 論語〉〈맹자 孟子〉〈중용 中庸〉 4책의 총칭.

"신통한 아이로군. 그래서…… 담덕에게 왕위를 잇게 하고 싶은데 아우의 뜻은 어떠하신가?"

소수림왕의 말에 이련은 소스라치게 놀랐다.

"폐하, 무슨 말씀이십니까? 폐하의 보령寶齡이 얼마나 되셨다고 벌써 후계자를 정한단 말씀이십니까? 그 말씀, 부디 거두어 주시옵소서."

"아니라네. 사람의 일이란 언제 어떻게 될지 아무도 모르는 일이라네. 미리 정해놓아야 왕위를 둘러싼 분쟁紛爭을 막을 수가 있네."

"그래도 아직은……."

이련이 망설이자 소수림왕이 말했다.

"이것은 짐의 뜻이자 또한 중전의 뜻이기도 하다네."

"중전마마께서도요?"

이련은 소수림왕과 왕비가 한마음 한뜻이라는 말에 마음이 놓였다. 그래서 소수림왕의 뜻을 따르기로 결심하였다.

"폐하의 뜻을 따르겠습니다."

"오늘은 어인 일로 이리도 일찍 들어오셨습니까?"

궁궐을 나와 곧장 집으로 돌아온 이련을 보고 부인이 미소를 지으며 물었다.

"급히 의논할 일이 생겼소. 어서 방으로 듭시다."

이련은 급하게 방으로 들어갔다. 부인이 뒤따라 들어오며 고개를 갸웃거렸다.

왕위
임금의 자리.

보령
임금의 나이.

분쟁
말썽을 일으켜 서로 다툼.

"대체 무슨 일이십니까?"

"담덕, 담덕을……."

"담덕이 어떻다는 말씀이십니까?"

잠시 숨을 고른 이련이 말을 이었다.

"담덕을 태자太子로 삼는다는 것이 폐하의 뜻이오."

이련의 말에 부인은 펄쩍 뛰었다.

"폐하의 보령이 얼마나 되셨다고 벌써 태자를 세운다고 하신답니까?"

"나도 그런 뜻을 말씀드렸지만 폐하와 중전마마의 뜻을 거역할 수는 없었소."

"그럼 담덕을 궁궐로 들여보내야 된다는 것입니까?"

"그렇지는 않소. 폐하께서 우리가 편한 대로 담덕을 가르치라고 하셨소. 어서 담덕을 오라고 하시오."

"알겠어요."

부인은 하녀를 시켜 담덕을 불러오게 하였다. 담덕은 무슨 일인지 알 수 없다는 듯이 방으로 들어왔다.

"소자小子를 부르셨습니까?"

"그래, 어서 오너라."

부인은 수건으로 눈가를 훔쳤다.

"부인, 아이 앞에서 약한 모습을 보이지 마시오."

"제가 덕이 부족한가 봅니다."

"아니오. 부인이 아이를 잘 키워 우리 집안에 이런 영광이 있는 것이오."

이련은 부인의 어깨를 가볍게 두드린 뒤 담덕을 바라보았다.

"담덕아, 지금부터 내가 하는 말 잘 들어야 한다. 내일 너는 궁궐로 들어가 폐하를 만나게 될 것이다."

이련의 말에 놀란 담덕은 눈을 크게 떴다.

"폐, 폐하를 만나다니요?"

소수림왕은 담덕에게는 큰아버지였다. 그러나 한 나라를 다스리는 임금이다 보니 큰아버지와 조카 사이의 정을 나누기가 쉽지 않았다. 담덕도 소수림왕의 얼굴이 가물가물했다. 못 만난 지 여러 해 되었던 것이다.

"내일 너는 폐하의 뒤를 이어 임금이 될 태자가 되느니라."

"소자가 어떻게 태자가 된다는 말씀입니까?"

"폐하의 뜻이니라. 그러니 너는 앞으로 말과 행동을 조심해야 하느니라. 네 말과 행동은 모든 사람들의 본보기가 된다는 사실을 명심하여라."

본보기
본을 받을 만한 대상.

아버지의 말에 담덕은 고개를 끄덕였다.

그러나 자신의 방으로 돌아온 담덕은 잠을 이루지 못했다. 부모님과 함께한 날들이 머릿속을 스치고 지나갔다. 엄하시지만 바른 길로 인도해 주시는 아버지, 한없이 따뜻하기만 한 어머니의 품, 그리고 가족들과의 즐거운 생활……. 담덕의 눈가에 촉촉하게 이슬이 맺히기 시작했다. 앞으로 어떻게 행동해야 할 것인가도 생각해 보았지만 머리가 어지러워 아무 생각도 나지 않았다.

담덕은 뒤척이다가 새벽을 알리는 닭 울음소리를 들으며 잠이 들었다.

다음날, 이련은 아들 담덕을 데리고 궁궐로 갔다. 담덕은 예의禮義를 갖추고 소수림왕에게 네 번 절을 올렸다.

"소자 담덕, 폐하께 인사 여쭙습니다."

담덕의 모습을 보자 소수림왕은 얼굴 가득 웃음을 지었다.

"어서 오너라. 듣자 하니 학문을 열심히 한다지?"

"부끄럽습니다."

담덕이 겸손하게 대답했다. 그런 담덕에게 소수림왕은 더욱 믿음이 갔다.

"그럼 우리 조상들에 대해서도 아느냐?"

"추모왕鄒牟王께서 고구려高句麗를 세웠다는 것만 알고 있습니다."

"학문도 중요하지만 고구려가 어떻게 세워졌는지 아는 것도 중요하다. 그럼 오늘부터

> **추모왕**
> 고구려 제1대 왕(재위 BC 37~19년). 동명왕(東明王)이라고도 한다. 성은 고(高), 이름은 주몽(朱蒙)·추모(皺牟)·상해(象解)·추몽(皺蒙)·중모(中牟)·중모(仲牟)·도모(都牟) 등으로 기록되어 전한다. 주몽이라는 이름은 원래 활을 잘 쏜다 하여 붙여진 이름이나 금와왕의 왕자들이 그 재주를 시기하여 어머니 유화 부인의 권유로 궁궐을 도망쳤다. 그를 따르는 사람들과 힘을 합쳐 졸본에 나라를 세운 것이 고구려이다.

조상 이야기를 해주어야겠구나."

소수림왕은 담덕에게 고구려의 시조인 추모왕의 이야기를 들려주었다.

북부여라는 나라가 있었다. 그곳은 해부루라는 왕이 다스렸는데, 어느 날 하백河伯의 딸인 유화가 목욕하러 왔다가 해부루와 만나 사랑을 나누게 되었지. 그 광경을 본 하백이 화가 나서 유화를 내쫓았단다. 유화는 태백산에 머무르다가 동부여의 왕인 금와에게 잡히게 되었어. 그런데 유화가 갇혀 있는 방으로 강력한 햇빛이 비쳐들었고, 얼마 후 유화는 큰 알을 낳았어. 금와왕은 알을 개와 돼지에게 주었지만 짐승들이 먹지 않았고, 길에 버려도 소나 말이 비켜갔다는구나. 들판에 버리니 새들이 날개로 덮어 주고, 그 알을 깨려 하였으나 깨지지 않았지. 금와왕은 할 수 없이 알을 유화 부인에게 돌려줄 수밖에 없었단다. 유화 부인이 알을 햇살이 내리쬐는 따뜻한 곳에 보관하였더니 얼마 후에 알에서 남자아이가 태어난 거야. 총명하고 무예에도 뛰어나, 7세 때 이미 활과 화살을 만들어 쏘았는데 백발백중百發百中이었단다. 부여 사람들은 활을 잘 쏘는 사람을 '주몽'이라 불렀는데, 자연스럽게 그 아이의 이름이 주몽이 되었지.

금와왕에게는 큰아들인 대소를 비롯한 7왕자가 있었어. 주몽은 이들 7명의 형제들과 함께 종종 사냥을 했는데, 그때마다 주몽의 활 솜씨가 출중하여 많은 짐승들을 사로잡았단다. 그러니 대소를

하백
전설상의 인물. 고구려의 시조 주몽(朱蒙)의 외조(外祖).

백발백중
활을 백 번 쏘아 백 번 맞힌다는 뜻으로 무슨 일이나 틀림없이 잘 들어맞는 것.

비롯한 왕자들은 무예에 뛰어난 주몽을 시기할 수밖에……. 대소가 금와왕에게 '주몽이 우리와 함께 살아간다면 화가 될 것이니 주몽을 없애자.'고 했단다. 금와왕은 대소의 제의를 거절한 뒤에 주몽에게 마구간 일을 맡겼지. 주몽은 어머니의 뜻에 따라 훌륭한 말에게는 먹이를 적게 주어 마르게 하고, 그렇지 않은 말에게는 먹이를 많이 주어 통통하게 살이 오르게 했지.

마구간을 찾은 금와왕은 살찐 말을 가져가고, 비쩍 마른 말은 주몽에게 주었다는구나. 주몽은 이때부터 마른 말에게 정성들여 먹이를 주어 튼튼하게 한 후 부여를 떠나기로 결심했단다. 그곳에 남아 있다가는 언제 죽음을 당할지 알 수 없었기 때문이었지. 주몽은 어머니에게 인사를 한 후 평소 자신을 따르던 수하手下 몇 사람과 함께 졸본卒本으로 도망을 간 거야. 주몽이 도망갔다는 사실을 안 대소를 비롯한 7명의 왕자들이 주몽을 뒤쫓았지. 힘겹게 도망을 치고 있는 주몽 일행 앞에 엄체수라는 강이 기다리고 있었단다. 이때 주몽이 강물을 향해 '나는 하느님의 아들이요, 물의 신인 하백의 외손자인데 지금 뒤쫓는 군사가 있으니 나를 도와주시오.'라고 하니, 물고기와 자라 등이 떠올라 다리를 만들었어. 주몽이 건너자 다리는 곧 사라져 뒤쫓는 군사들은 건널 수가 없었지.

주몽이 모둔곡에 이르러 세 사람을 만났는데 삼베옷을 입은 재사와 중의 옷을 입은 무골과 마름 옷을 입은 묵거였지. 주몽은 그들의 재능에 따라 각각 일을 맡기고 졸본이라는 곳에 이르러 나라를 세우셨단다. 이분이 바로 우리의 시조 할아버지이시자 고구려

수하
손아랫사람, 부하.

졸본
고구려의 시조 동명성왕이 도읍을 정한 곳.

마름
마름과의 한해살이풀로 연못이나 늪에 주로 나며, 흙 속에서 싹이 터 긴 줄기를 물 위로 뻗음. 여름에 흰꽃이 피고 마름모꼴의 열매를 맺음.

를 세우신 추모왕이시란다. 이때 나이가 22세였으며, 지금으로부터 400년 전이었단다.

담덕은 초롱초롱한 눈으로 소수림왕의 이야기에 귀를 기울였다. 그 모습이 얼마나 신중하고 의젓한지 소수림왕은 입가의 미소를 거두지 못했다.
"오늘은 이만하자꾸나."
"폐하, 다음에 조상님들의 이야기를 더 해주실 거지요?"
"암, 그렇고말고."
소수림왕은 대견한 듯 담덕의 어깨를 토닥거려 주었다.
궁궐에서 나온 담덕은 아버지를 따라 군사들이 훈련하는 연무대鍊武臺로 갔다. 담덕은 생전 처음으로 군사들이 훈련하는 모습을 보게 되었다.
"이얍!"
"으이샤!"
군사들의 훈련받는 기합 소리가 산을 울렸다.
"이곳이 고구려군을 기르는 곳이다. 이곳을 거쳐 간 고구려군과 대적할 상대는 어느 곳에도 없을 것이다."
담덕은 아버지의 말에 가슴이 벅차올랐다. 마치 자신이 고구려군이 된 것처럼 어깨가 으쓱해졌다.
이련은 옆에 있던 병사에게서 활을 건네받아 화살을 활시위에 재웠다.

연무대
군사들에게 무예를 단련시키는 곳.

'담덕이 보고 있다……'

이련은 과녁을 향해 시위를 당겼다.

시위를 벗어난 화살은 눈 깜짝할 사이에 과녁 중앙에 꽂혔다. 이련은 문득 활쏘기에 능했던 아버지 고국원왕이 떠올라 가슴이 뭉클했다.

"와아!"

담덕은 아버지의 활을 받아들었다. 무거웠지만 내색하지 않고 활을 쳐들었다. 화살을 활시위에 재운 다음 과녁을 향해 시위를 당겼다.

"피융!"

화살은 과녁을 향해 날아갔다. 그러나 과녁을 맞힌 화살은 힘없이 땅바닥으로 떨어졌다.

이련이 웃으며 말했다.

"담덕아, 활을 쏘기 위해서는 힘을 길러야 하느니라."

이련의 말에 담덕은 고개를 숙였다. 하지만 언젠가는 꼭 아버지를 능가하는 고구려의 군사가 되겠노라고 다짐했다.

군사들의 훈련 모습을 보고 돌아온 담덕은 시간이 날 때마다 긴 막대기를 가지고 전쟁놀이를 하였다. 혼자 고구려군이 되기도 하고, 백제군이 되기도 하였다. 전쟁놀이를 하는 담덕을 보면 이련은 걱정스러웠다.

"담덕아, 전쟁에 있어서는 용력勇力과 기술에도 뛰어나야 하지만, 전쟁은 머리를 써야 하느니라."

과녁
활이나 총을 쏠 때 표적을 만들어 놓은 것.

시위
'활시위'의 준말로 활에 걸어서 켕기는 줄. 활줄.

용력
씩씩한 힘. 뛰어난 역량.

"아버지, 싸움에서 무슨 머리를 써요?"

담덕이 이상하다는 듯이 묻자 이련은 미소를 지었다.

"힘만으로 적을 누를 수 없다는 말이다. 공부를 많이 하여 꾀로 이겨야 한다는 말이다."

그제야 담덕은 알겠다는 듯이 고개를 끄덕였다.

소수림왕을 다시 만난 담덕은 지난번에 못다 들은 조상들의 이야기를 해달라고 졸랐다. 담덕이 조르자 소수림왕이 물었다.

"담덕아, 한 나라를 다스리기 위해서는 훌륭한 신하를 만나야 되느니라. 오늘 너에게 해줄 조상의 이야기도 바로 오늘날 우리 고구려를 있게 한 훌륭한 신하에 관한 것이란다."

지금부터 140년 전에 동천왕東川王이 계셨단다. 동천왕은 위나라와 친하면서 공손씨 세력을 멸망시키고 요동지방으로 진출할 수 있는 기초를 닦으셨지. 나아가 서안평을 공격하기로 했는데 신하들이 심하게 반대했단다. 왜냐하면 공손씨의 세력이 워낙 강했기 때문이었단다. 그러나 동천왕은 군사를 이끌고 서안평을 공격하였지. 위나라의 유주자사 관구검毌丘儉이 고구려를 침범하였거든.

관구검이 군사를 네 곳으로 나누어 죽음을 각오하고 고구려 군사들과 싸우니, 고구려 군사들이 견디지 못하여 크게 패하였단다. 동천왕은 1천여 명의 남은 군사와 함께 압록강을 건너 피난을 가야만 했어.

동천왕
고구려 제11대 왕(재위 227~248년). 이름은 우위거(憂位居), 산상왕(山上王)의 아들. 동양왕(東襄王)이라고도 하며, 213년 태자로 책봉되었다. 그의 치세는 중국이 위(魏)·오(吳)·촉(蜀)으로 대립하고 있던 삼국시대로서, 248년에는 신라에 사신을 파견하여 화친을 맺었다.

관구검
중국 위(魏)나라의 무장. 242년(동천왕 16)에 고구려가 요동지방을 공격하자 244년 정벌군의 장군이 되어 동천왕의 방어군을 무찌르고 국내성을 함락하였다. 동천왕이 피신하여 항복을 받지 못했으나 고구려 침입의 공을 기념한 관구검 기공비가 1906년 만주에서 발견되었다.

관구검은 여세餘勢를 몰아 고구려의 서울인 환도성丸都城으로 쳐들어와 궁궐을 불태웠지. 동천왕은 동해안으로 피해 가야만 했는데 고구려 군사들은 보이지 않고, 오직 동부 출신의 밀우라는 신하만 곁에 남아 있었단다. 밀우가 결사대를 모집하여 추격해 오는 관구검을 맞아 싸우는 동안 동천왕은 군사들을 모았단다.

그러나 관구검이 계속 쫓아오자 유유가 음식을 준비하여 위나라 진영으로 가서 거짓으로 항복하는 체하다가 관구검을 죽인 거야. 관구검이 죽자 위나라 군사들은 지휘계통指揮系統이 무너져 우왕좌왕했는데, 동천왕은 이때를 놓치지 않고 군사를 세 길로 나누어 공격하여 승리를 거두었단다…….

지휘계통
지시를 내리거나 받아서 일할 수 있는 조직적 체계.

담덕은 소수림왕의 이야기 속으로 빠져들었다.
"폐하, 역시 훌륭한 신하가 있어야겠습니다. 그리고……."
담덕이 머뭇거리자 소수림왕이 말했다.
"무슨 말이 하고 싶은 게냐? 괜찮으니 어서 말해 보아라."
"역시 나라는 힘이 있어야 한다는 것을 알았습니다."
담덕의 말에 소수림왕은 크게 기뻐하였다.
"역시 짐의 뒤를 이을 재목이로다."
소수림왕은 담덕의 등을 두드려주면서 열심히 학문을 닦으라고 당부했다.
담덕은 궁궐을 물러나와 아버지를 찾아갔다.
"소자 이제 말타기를 배우고 싶습니다."

담덕의 말에 이련은 깜짝 놀랐다.

"말을 타겠다고? 말이 무섭지 않느냐?"

"무섭다니요? 고구려인의 뜨거운 피가 제 몸 속에도 흐르고 있습니다."

이련은 하인에게 말을 가져오라고 시켰다.

담덕은 말고삐를 잡고 천천히 올라탔다. 담덕이 채찍을 가하자 말은 천천히 앞으로 나아갔다.

이때 갑자기 말이 앞발을 들어올리며 날뛰기 시작했다. 옆에서 지켜보고 있던 이련이 놀라 소리쳤다.

"담덕아, 말고삐를 놓치지 마라."

당황하는 이련과 달리 담덕은 말고삐를 움켜쥐면서 말을 달래기 시작했다. 그러자 말은 언제 그랬냐는 듯이 담덕이 시키는 대로 움직였다. 그제야 이련은 한숨을 돌리면서, 한편으로 침착하게 말을 다뤄 자신의 뜻대로 움직이게 하는 담덕이 대견스러웠다.

"역시 고구려의 후예로구나."

이련은 말에서 내린 담덕을 안으며 말했다. 담덕의 얼굴에는 송글송글 땀이 맺혀 있었다.

이때 멀리서 먼지를 날리며 말이 달려오고 있었다. 이련은 불길한 생각이 들었다.

"도독님!"

"무슨 일이냐?"

"큰일 났습니다."

"무슨 일인데 이렇게 호들갑이냐?"

이련은 혹시 왕위를 노린 사람이 임금을 해치려는 반역反逆을 꾀한 것은 아닌지 걱정되었다.

"폐하께서 도독님을 급히 찾으십니다."

"왜, 무슨 일이 있는 게냐?"

"폐하의 병세가 아주 위급하십니다."

"뭐라고?"

이련은 말을 타고 담덕과 함께 궁궐로 달렸다.

궁궐에서는 내관內官과 전의典醫들이 바삐 움직였다.

"폐하, 이것이 어찌된 일이옵니까?"

소수림왕은 동생인 이련보다도 함께 온 담덕의 손을 잡았다.

"너를 못 보고 죽는 줄 알았다."

"폐하, 선비족과 백제를 쳐서 선왕의 원수를 갚아야 하지 않겠습니까?"

이련이 말했다. 그러나 소수림왕은 고개를 가로저었다.

"아닐세. 짐은 오래 살 것 같지가 않네. 담덕이 아직 어리니 아우가 내 뒤를 이으시게. 그리고 담덕을 잘 키워 우리 고구려를 더욱 발전시켜 주시게."

"폐하, 무슨 말씀을 그렇게 하십니까? 어서 일어나셔야지요."

그러나 소수림왕은 더 이상 말을 잇지 못하였다.

이렇게 하여 이련은 형의 뒤를 이어 고구려의 왕이 되었으니, 이가 곧 고구려 제18대 임금인 고국양왕故國壤王이다.

호들갑
경망스럽게 야단을 피우는 말이나 행동을 말함.

반역
나라나 왕, 민족을 등지고 나라를 무너뜨리려는 행위, 또는 그런 행위를 하는 것.

내관
궁정에서 일하는 관리. 환관(宦官)이라고도 한다.

전의
왕실의 의약(醫藥)을 맡아보던 의원. 궁중에서 사용하는 의약의 공급 및 임금이 하사하는 의약에 관한 일을 맡아보던 사람. 궁궐의 의사.

고국양왕
이름은 이련(伊連), 소수림왕의 아우이며 광개토대왕의 아버지. 385년 군사 4만으로 요동(遼東)을 공격하였고, 이듬해 백제를 정벌하여 국토를 넓히는 등 외치(外治)에 힘썼다. 불교를 널리 펴서 문화를 발전시켰으며, 국사(國社)를 세우고 종묘(宗廟)를 수리하는 등 국가 체제 확립에도 크게 이바지하였다.

소수림왕은 갑작스러운 아버지의 죽음으로 흐트러진 백성들의 마음을 바로잡기 위하여 문화적인 면에 많은 업적을 쌓았다. 그런 반면 고국양왕은 형과는 달리 군사들을 길러 아버지의 원수를 갚으려 노력하였다.

한편 담덕은 무예와 학문이 나날이 발전하였다. 이제 어떤 군사와 겨루어도 뒤지지 않을 출중한 실력과 힘을 가지게 되었다.

고구려에서는 임금과 나라 관리들이 모두 모여 매년 3월 3일이면 사냥대회를 하였다. 사냥대회에서 기량器量이 뛰어난 인재人才는 특별히 나라의 관리로 뽑기도 했다. 담덕은 고국양왕에게 사냥대회에 참가하게 해달라고 청했다.

"아바마마, 이제 소자 나이 열두 살이옵니다. 나가서 소자가 지금까지 갈고 닦은 활 솜씨를 시험하고 싶사옵니다."

"너의 뜻은 갸륵하다만 사냥대회에 나가기에는 아직 어린 듯하구나."

"아니옵니다. 소자도 충분히 다른 고구려인들과 겨루어 보겠습니다."

담덕이 고집을 부리자 고국양왕은 할 수 없이 허락을 하였다.

드디어 사냥대회가 열렸다. 전국에서 내로라하는 무사武士들이 각기 자신들의 솜씨를 뽐내기 위해서 사냥대회가 열리는 산으로 모여들었다.

사냥대회에 앞서 먼저 씨름대회가 열렸다. 씨름은 활쏘기에 못지않게 고구려 사람들에게 인기 있는 경기였다. 힘이 있어야 강한

기량
사람의 도량과 재간.

인재
재주나 능력이 뛰어난 사람.

내로라하다
바로 나이로라 하고 자신하다.

무사
무술이 출중하게 뛰어나 그 방면에서 일하는 사람.

활을 쏠 수가 있으며, 강한 활은 멀리 있는 적까지 피해를 주기 때문에 고구려 사람들은 씨름을 통해서 힘을 기르고자 하였다.

담덕은 흥미로운 눈으로 씨름을 지켜보았다. 그런 그의 눈에 한 소년 장사(壯士)가 들어왔다. 나이도 어리고 키도 작았지만 자신보다 키도 크고 힘이 세어 보이는 사람들을 간단하게 넘어뜨렸다. 소년 장사는 비록 결승에서는 졌지만 많은 사람들의 박수를 받았다.

씨름대회가 끝나자 본격적인 사냥대회가 열렸다.

담덕도 사냥에 참가하여 토끼와 사슴을 잡았다. 신이 난 담덕은 짐승들을 쫓는데 정신이 팔려 일행들과 떨어지게 되었다. 아름드리 나무로 둘러싸인 산속은 낮이었지만 어두컴컴하였다. 담덕은 발을 옮겨놓다가 바스락거리는 소리에 놀라 나무 뒤로 몸을 숨겼다. 언제 어디서 맹수가 나타나 공격해올지 알 수 없기 때문이었다. 소리가 나는 쪽으로 담덕은 활을 겨누었다. 호랑이나 늑대일 경우 바로 활시위를 당길 요량이었다. 그러나 곧 담덕은 활을 내려놓으며 안도의 한숨을 내쉬었다. 그곳에는 맹수가 아닌 소년 장사가 있었던 것이다.

"네가 어떻게 여기를?"

"그러는 너는 여기에 어떻게 온 거냐?"

소년 장사는 담덕이 고구려의 왕자라는 사실을 모르는 듯했다.

"나야 사냥대회에서 1등을 하기 위해 산짐승을 잡으러 왔지."

"나도 마찬가지야."

"네 이름은 무엇이냐?"

장사
몸집이 크고 힘이 매우 센 사람.

"나는 돌고라고 해. 그러는 너는?"

"나는 담덕이야."

"우리 같이 산짐승을 많이 잡아 1등을 해보자."

"그래, 좋아."

"그런데 여긴 대체 어디니?"

돌고가 물었다. 돌고의 말을 듣고 보니 담덕은 그제야 자신이 일행과 멀리 떨어졌음을 깨닫게 되었다.

"너는 무섭지 않니?"

돌고가 다시 물었다. 담덕은 조금 두려운 생각이 들었지만 그런 모습을 보이고 싶지는 않았다.

"아니, 조금도!"

두 사람은 오던 길로 발길을 돌렸다. 그러나 산속이라 방향을 잡을 수가 없었다. 어찌 된 일인지 한참을 온 것 같은데 조금 전 두 사람이 만난 곳이었다.

"이곳은 우리가 처음 만난 곳이잖아?"

"그러게."

두 사람은 서로 얼굴을 쳐다보았다.

"이봐 친구, 여기서 기다리는 것이 낫지 않겠어? 잘못하다간 일행들과 더 멀어질 수도 있을 테니."

돌고도 담덕의 생각에 찬성했다. 두 사람은 말을 묶어 두고 나무에 걸터앉았다.

한편 고국양왕은 주위를 살펴보았지만 담덕의 모습을 찾을 수가 없었다. 그래서 곧 내관을 불렀다.

"담덕은 어디에 있느냐?"

내관들은 고국양왕의 말을 듣고 그제야 담덕이 없음을 알았다.

"사냥하시는 줄로만 알았습니다."

내관은 기어들어가는 목소리로 말했다.

"무엇 하느냐! 어서 담덕을 찾도록 하라."

고국양왕의 명령에 따라 군사들은 사방으로 담덕을 찾아 나섰다. 3월이라 낮이 짧아 해는 벌써 서산으로 뉘엿뉘엿 지고 있었다. 더구나 사냥대회가 열리는 곳은 산속이라 어둠이 더욱 빨리 찾아왔다.

"무엇을 꾸물거리고 있는 것이냐? 날이 어두워지기 전에 빨리 찾도록 하라."

고국양왕은 걱정이 되어 좌불안석坐不安席이었다.

그 무렵 담덕과 돌고는 이런저런 얘기를 나누다가 나무에 기대어 깜빡 잠이 들었다. 한참 후 두 사람은 산짐승들이 울부짖는 소리에 잠에서 깨어났다. 벌써 사방이 어두워져서 바로 앞의 사물만 희미하게 보일 뿐, 좌우를 분간할 수가 없었다. 두 사람은 부지런히 마른 나무를 모아 불을 피웠다.

"히이잉!"

나무에 묶어둔 말 두 마리가 큰 소리로 울부짖었다.

"맹수가 나타났나 봐! 어쩌지, 난 호랑이가 무서워."

돌고가 말했다.

> **좌불안석**
> 불안하거나 초조하거나 걱정이 되거나 하여 자리에 가만히 앉아 있지 못하고 왔다 갔다 하거나 일어났다 앉았다 하는 상태.

어둠 속에서 불빛이 번쩍였다. 호랑이를 비롯한 산짐승들이 말의 울음소리를 듣고 담덕과 돌고가 있는 지점으로 다가오고 있었다. 불빛은 점점 크게 보였다. 담덕은 돌고를 자신의 몸 뒤로 숨게 하고 화살을 활시위에 메기며 불빛을 노려보았다. 그러나 활을 잡은 손이 미세하게 떨리고 있었다.

'호랑이에게 물려가도 정신면 차리만 산다고 했어. 침착하자.'

담덕은 혼잣말을 중얼거리며 숨을 깊이 들이마셨다. 그리고 불빛을 향해 활을 당겼다.

"이런!"

화살은 빗나간 듯했다.

"담덕! 이걸로 막아!"

뒤에 있던 돌고가 소리치며 활활 타고 있는 나뭇가지 하나를 담덕에게 건네주었다.

"덤벼라, 어서 덤벼라! 죽여버릴 테야! 덤벼라! 덤벼."

담덕은 고래고래 소리를 질러댔다. 얼굴은 온통 땀으로 범벅이 되었다. 그러자 용기를 얻은 돌고도 불이 붙은 나뭇가지를 들고 앞으로 나섰다.

"어서 덤벼. 다 죽일 거야!"

어둠 속에서 담덕과 돌고가 휘두르는 불꽃이 춤을 추었다. 그 기세에 눌린 호랑이가 슬금슬금 어둠 속으로 물러갔다. 호랑이가 사라진 뒤에도 돌고는 성난 산돼지처럼 으르렁거리며 장작불을 휘둘렀다.

"돌고, 호랑이가 사라졌어!"

담덕과 돌고는 손을 맞잡고 좋아했다. 두 소년의 얼굴은 땀으로 범벅이 되었다.

"너는 대단한 아이야."

돌고가 엄지손가락을 들어 보이며 담덕을 향해 말했다.

그때 담덕을 찾고 있던 군사들은 불빛이 원을 그리며 춤을 추는 것을 발견하고 달려왔다.

"왕자님을 찾았다!"

군사들이 소리쳤다. 군사들의 외침에 돌고는 어리둥절했다.

"누가 왕자라는 거야? 혹시 네가?"

돌고는 손가락으로 담덕을 가리키며 말했다. 이때 군사들의 외침을 듣고 달려온 내관이 담덕 앞에 무릎을 꿇었다. 돌고도 얼떨결에 무릎을 꿇고 머리를 숙였다.

"왕자님, 어떻게 된 것입니까?"

담덕은 비로소 안도의 한숨을 내쉬었다. 그렇지만 겉으로는 드러내지 않고 아무렇지도 않다는 듯이 말했다.

"사냥대회에서 좋은 성적을 거두고 싶어서 이렇게 깊은 산속까

> **범벅이 되다**
> 일이나 물건이 뒤섞여 갈피를 잡을 수 없게 되다.

지 오게 된 거야."

"지금 폐하께서 얼마나 걱정을 하고 계신지 아십니까?"

"어서 아바마마께로 가자."

담덕은 돌고를 일으켜 세웠다. 그러자 내관이 물었다.

"이 소년은 아까 씨름대회의 그 소년 장사가 아닙니까? 그런데 어떻게 함께 계신지……."

"우연히 함께 사냥을 하게 되었어. 아바마마께 말씀드려서 돌고를 고구려의 병사로 선발해야겠어."

담덕이 고구려 병사로 돌고를 추천한다는 말에 돌고는 기뻐서 절로 입이 벌어졌다.

고국양왕은 담덕이 무사한 것을 보자 비로소 안도安堵의 한숨을 내쉬며 물었다.

안도
마음을 놓음. 안심.

"그래, 사냥은 어떠했느냐?"

그러자 옆에 있던 돌고가 말했다.

"폐하, 담덕 왕자님이 호랑이와 겨루어 이겼습니다."

"뭐라고, 호랑이와 겨루었다고?"

고국양왕은 등골이 오싹했지만 겨루어 이겼다는 소리에 가슴이 벅찼다.

"어디 자세히 말해 보아라."

돌고는 신이 나서 담덕이 호랑이를 물리친 이야기를 하였다.

"너는 분명 고구려의 자손이로다!"

고국양왕은 감격하여 담덕을 안으며 말했다. 그러다가 돌고가 생각난 듯 담덕에게 물었다.

"그런데 이 아이는 누구냐?"

"소자와 함께 사냥을 한 돌고이옵니다."

"그래, 사냥을 잘하더냐?"

담덕도 돌고의 행동을 상세하게 아뢰었다. 그런 다음 덧붙여 말했다.

"저 혼자서는 할 수 없었을 일입니다. 그러니 돌고는 고구려 병사로도 손색遜色이 없사옵니다."

"그래, 돌고는 앞으로 담덕 왕자를 옆에서 잘 보살피도록 하라."

그러자 고국양왕의 말에 신하들이 반대하며 나섰다.

"폐하, 이 아이가 어떤 아이인지 신분도 모르는데 왕자님 곁에 두려 하십니까?"

"아니 되옵니다!"

신하들의 거센 반대에도 불구하고 고국양왕이 단호하게 말했다.

"사냥대회는 숨은 인재를 찾기 위한 목적도 있는 것이오, 오늘 보니 돌고는 누구보다도 뛰어난 실력을 갖추었소. 더구나 담덕을 옆에서 도와주지 않았소? 그러니 경들은 여러 말 하지 마시오."

고국양왕의 말에 신하들은 더 이상 반대할 수가 없었다.

다음날, 고국양왕이 담덕을 불렀다.

"부르셨사옵니까?"

"어제 호랑이와 겨룬 기상氣像을 계속 간직해야 하느니라. 알겠

> **손색**
> 서로 비교해 보아서 못한 점.

> **기상**
> 사람의 타고난 기개나 마음씨. 또는 그것이 겉으로 드러난 모양.

느냐!"

"명심하겠나이다."

"그래야 백제와 연나라에게 당한 할아버지의 원수를 갚을 수가 있느니라."

"소자 그것이 항상 궁금하였나이다. 할아버지의 이야기를 들려주십시오."

"그래, 그럼 오늘은 연나라에 당한 이야기를 해주마."

고국양왕은 아버지인 고국원왕과 연나라와의 관계를 설명하기 시작했다.

고구려에서는 미천왕美川王의 뒤를 이어 네 할아버지이신 고국원왕이 왕위에 올랐단다. 이때 만주에는 연나라가 있었지. 연나라의 왕 모용황慕容皝은 땅을 넓히기 위해 주위의 작은 나라들을 차례로 정복征服하였단다. 그리고 고구려까지 정복하려고 했지. 왜냐하면 장차 중국을 지배하려는 야욕野慾을 가진 연나라에게 고구려는 언제라도 뒤에서 공격할 수 있는 나라였거든.

연나라가 고구려로 쳐들어갈 수 있는 길은 남쪽과 북쪽의 두 갈래가 있었지. 북쪽 길은 평탄하여 사람이 다니기가 쉬웠고, 반대로 남쪽 길은 험하고 좁아서 사람들이 다니기가 어려웠어. 그래서 고구려에서는 북쪽을 방어했거든.

연나라는 북쪽 길로 왕우가 이끄는 1만 5천의 병사를 보냈단다. 그때 고구려에서는 고국원왕의 동생 무가 5만의 군사로 연나라 군

미천왕
고구려 15대 왕(재위 300~331년). 이름은 우불(憂弗)·을불(乙弗). 현도군(玄菟郡)을 공격하고 낙랑군을 점령하는 등 고구려의 영토 확장에 큰 공을 세웠다.

모용황
중국 5호 16국시대 전연(前燕)의 제1대 왕(재위 337~348년). 묘호는 태조(太祖). 선정을 펴고 중국문화의 보급에 힘썼다. 고구려 고국원왕 21년(342년)에 5만 대군을 이끌고 고구려에 침입하여 환도성(丸都城)을 함락시키고 미천왕의 능을 도굴함.

정복
다른 나라를 정벌하여 복종시키는 것.

야욕
옳지 못하거나 그릇된 일을 이루거나 꾀하려고 하는 욕심.

사와 싸웠단다. 그러는 사이 연나라는 남쪽 길을 통해 많은 병사들을 이끌고 고구려에 쳐들어왔단다. 이 소식을 들은 고국원왕은 남은 군사를 이끌고 남쪽 길을 막으려고 했지. 그러나 싸움에 능했던 고구려 병사들 대부분이 북쪽 길을 막고 있었으므로 남쪽 길로 쳐들어온 연나라 군사와 싸울 병사는 턱없이 부족했었지. 고구려에서는 **선봉장 아불화도가**를 내세워 싸웠단다. 그런데 아불화도가가 모용황의 동생인 모여니에게 죽음을 당하자 고구려 병사들이 밀리기 시작했단다. 연나라 병사들은 사기가 올라 고구려의 **도성**都城인 **국내성**國內城으로 쳐들어왔는데 고국원왕은 병사들을 격려하면서 싸웠지.

그러나 연나라 병사들은 함성을 지르며 물밀듯이 국내성으로 몰려들어와 닥치는 대로 불을 지르고 고구려 백성들을 죽이고 물건을 빼앗았어. 한마디로 아수라장이 되었던 것이지.

신하들은 고국원왕에게 어서 피하라고 하였지. 그러나 고국원왕은 백성들을 생각하여 선뜻 피난을 떠나지 못했어. 상황이 다급해지자 어쩔 수 없이 몇 명의 신하만 데리고 국내성을 떠나셨지.

그런데 북쪽에서 연나라 병사를 맞아 싸우던 고국원왕의 동생인 무가 승리한 후 국내성으로 향하고 있었어. 모용황은 고국원왕에게 항복하라고 독촉했지만 고국원왕은 이를 거부했단다. 마음이 바쁜 모용황은 무가 올까봐 두려워 서둘러 연나라로 돌아가려고 했지. 이때 모용황의 부하가, 이대로 돌아가면 고구려가 반드시 보복할 것이라고 말했어. 그러자 모용황은 고구려의 보복을 막기 위

선봉장
제일 앞에 진을 친 부대를 지휘하는 장수.

아불화도가
고구려 제16대 고국원왕 때의 장수. 연나라와 싸우다 전사함.

도성
왕궁이 있는 곳.

국내성
고구려의 두 번째 수도, 또는 도성(都城). 중국 지린성[吉林省] 지안현[輯安縣]에 있으며 통구성(通溝城)이라고도 한다. 둘레 2,686m 높이 약 6m. 《삼국사기》에 따르면 고구려가 졸본에서 이곳으로 천도한 것은 AD 3년(유리왕 22년)이며 427년(장수왕 15년) 평양천도 전까지 약 400년 동안 고구려의 도성이었다.

해 미천왕릉의 능을 파헤쳐 그 시신과 미천왕비인 주태후의 시신, 그리고 남녀 5만 명을 포로로 데리고 연나라로 돌아갔단다.

　국내성으로 돌아온 고국원왕은 분함을 이기지 못하셨지. 주태후와 선왕의 시신을 찾겠다는 생각으로 3개월 후 동생을 연나라로 보내 미천왕의 시신과 포로는 찾아왔지만 주태후의 시신은 찾아오지를 못했어. 연나라는 중국 대륙을 지배한 지 13년 만에 주태후를 돌려보냈단다. 이에 고국원왕은 이를 갈면서 호시탐탐虎視眈眈 보복할 기회만 노리셨지."

> **호시탐탐**
> 기회를 노리고 가만히 정세를 관망함의 비유.

　고국양왕의 이야기를 들으며 담덕은 두 주먹을 불끈 쥐었다. 그리고 큰아버지인 소수림왕의 말을 되새겨보았다. 소수림왕의 말을 듣기 전까지만 해도 담덕은 '고구려高句麗'라는 국호에 담긴 뜻을 알지 못했다.

　"'고高'는 '높다'는 뜻이고, '구려句麗'는 '구루'에서 온 말로 '나라'를 뜻한단다. 곧 '고구려'는 '높고 험한 나라'라는 뜻이야. 고구려라는 나라 이름처럼 너는 '높고 큰 뜻을 가지거라.'"

　담덕은 새삼 소수림왕이 떠올라 눈시울이 붉어졌다. 소수림왕의 당부대로 원대한 꿈을 가지고 큰 뜻을 펼치리라 다짐하였다.

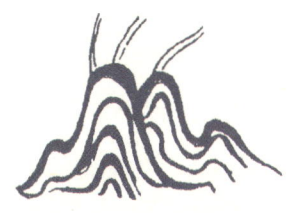

| 재미있는 고구려 이야기 | 01

고구려 시대에도 노숙자가 있었나요?

'거지'는 일정한 거처나 직업이 없이 남에게 빌어먹고 사는 사람으로, 걸개 또는 비렁뱅이라고도 합니다. 거지는 '개자丐子'가 잘못 전해져 불려진 이름이지요. 오늘날 지하철 역 등에서 흔히 볼 수 있는 '노숙자'라고 생각하면 될 거예요. 어때요, 〈각설이 타령〉이 생각나지요?

얼시구시구 들어간다. / 절시구시구 들어간다.
작년에 왔던 각설이 / 죽지도 않고 또 왔네…….

어찌 들으면 흥겹고, 또 어찌 들으면 구수한 노래지요. 비록 굶주리긴 하지만 항상 자유롭게 살아가는 거지들의 생활을 잘 표현한 노래이기 때문일 것입니다.

거지에 대해 가장 오래된 기록은 《삼국사기 三國史記》에 실려 있습니다.

백제 개로왕(蓋鹵王, 재위 455~475년) 때의 일입니다. 개로왕이 도미의 부인을 자기 후궁으로 삼으려고 하자 도미 부부가 고구려로 도망을 갔답니다. 이때 '고구려 사람들이 이들을 불쌍히 여겨 옷과 밥을 주었으니, 드디어 떠돌이생활을 마치고 거기서 살게 되었다.'고 적혀 있습니다.

《삼국유사三國遺事》에도 '조신의 꿈'에 당시의 거지 모습이 나와 있지요.

　승려였던 조신은 절이 쇠락하여 생계가 어렵게 되자 가족을 이끌고 이 집 저 집을 돌아다니며 밥을 빌어먹었다. 10년을 이렇게 산과 들판을 두루 다니니 옷이 뜯어져 몸을 제대로 가리지 못했다. 마침내 명주라는 지방을 지날 때 열다섯 살 난 큰아이가 굶어 죽었다. 열 살 되는 딸아이도 이 집 저 집으로 구걸을 하러 다녔는데, 어느 날 개에게 물려 그 아픔을 참지 못하고 슬프게 울었다. 이를 본 그의 부인이 "이 집 저 집 다니며 빌어먹는 부끄러움은 산더미를 진 것보다 더 무겁습니다." 하며 한탄하였다.

조선시대에 와서는 '경'이라는 형벌을 받은 사람들이 개천가의 다리 밑에 모여 살았는데 이들이 바로 거지라고 할 수 있지요. '경'이란, 얼굴이나 팔뚝에 살을 따고 흠을 내어 먹물로 죄명을 찍어 넣는 벌이랍니다. 이 벌은 조선시대 영조(英祖, 재위 1724~1776년) 때 형벌제도를 고치면서 없어졌답니다.

이들은 겉으로 드러나는 체면과 가문을 중요시하는 시대 분위기 속에서 가정으로 돌아갈 수 없게 되자 일정한 지역에 모여 공동생활을 한 것이지요. 주로 청계천 바닥의 흙을 쌓아 만든 인공산인 조산과 광교, 수표교, 복청교 아래, 서소문, 새남터, 만리재 등에 터를 잡고 모여 살았다고 합니다. 재미있는 것은 일단 거지가 되면 본명을 버리고 별명으로 서로를 불렀다고 합니다. 우두머리인 꼭지딴이 이름을 붙여 주었는데 주로 갈매기, 솔가미(솔개), 독수리, 부엉이, 쟁끼(장끼), 까마귀, 까치 등으로 많이 불리웠다고 합니다.

또 이들은 내의원이나 혜민국惠民國에 뱀, 두더지, 지네, 두꺼비, 고슴도치 등의 약재를 잡아 올린다든지, 상여가 나갈 때 선두에 가면서 행렬을 이끈다든지, 상갓집이나 잔칫집의 행패를 막아주고 그 대가를 받기도 했지요. 또 추어탕 집에 미꾸라지를 잡아다 주고 돈을 받아 생활하기도 했습니다.

일본 강점기에 '거지왕 김춘삼'과 같은 인물은 독립운동에 참여하기도 하였답니다.

2. 태자가 된 담덕

> **인시**
> 십이 시의 셋째 시로, 오전 3시부터 5시까지의 동안.
>
> **호위병**
> 곁에 따라다니며 호위하는 병사.

담덕은 돌고를 불렀다. 인시寅時나 되었을까, 바깥은 아직 어두웠다. 그렇지만 새벽녘의 신선한 바람이 아침을 흔들어 깨우고 있었다.

이제 돌고는 어엿한 호위병이었다. 처음에는 담덕과 눈을 마주치는 것을 피하던 돌고도 시간이 지나자 담덕에게 없어서는 안 될 중요한 사람이 되었다. 나이에 비해 힘도 세고, 활도 잘 쏘았으며, 몸도 날쌨다.

"돌고야, 우리 무술 연습을 하자."

"예, 왕자님."

두 사람은 말을 타고 만주 벌판이 내려다보이는 산 위로 올라갔다.

담덕은 칼을 잡았다. 칼을 잡으면 정신이 한 곳으로 모였다. 팽팽하게 긴장되는 근육, 전신에 용솟음치는 피, 봄바람에 맑아지는 머리……. 기분 좋은 긴장감이었다.

"왕자님, 오늘 소인과 한판 대련對鍊을 해보실까요?"
"좋지, 봐주는 것 없기다."
담덕도 쾌히 신청을 받아들였다.
대련은 승부를 가리기가 어려웠다. 칼과 칼이 맞물려 한순간 파르르 떨었다. 누구도 먼저 칼을 거둘 수 없었다. 돌고의 칼솜씨도 담덕에 못지않았다.
얼마쯤 지났을까. 돌고는 서서히 힘이 빠지는 것을 느꼈다. 한 합슴을 받아내기도 어려운 듯 진땀을 흘리며 기를 쓰고 있었다. 담덕은 이제 끝낼 때가 되었다고 생각했다. 더 이상 끌다가는 돌고의 기가 남아나지 못할 것 같았다.
"이얏, 으라차차!"
담덕은 돌고의 손목을 발로 세게 걷어찼다. 돌고는 손으로 쥐고 있던 칼을 땅에 떨어뜨리고 넘어졌다. 담덕이 돌고에게 손을 내밀었다.
"고맙습니다. 역시 왕자님은 저보다 한수 위입니다."
"아니야. 나도 너에게 많이 배워야 할 것 같아."
담덕은 돌고를 바라보며 생각에 잠겼다가 이윽고 입을 열었다.
"배우기는 쉬워도 고치기는 어려운 법, 지금 너의 경우는 기본자세는 되어 있는 것 같지만 잘못된 습관이 굳어진 게 몇 군데 보여. 고을에서 지나치게 시합에 임하여 잔기술만 는 것 같아. 내가 책을 줄 테니 잘 읽어봐."
"알겠습니다."
두 사람은 나란히 말에 올라 궁궐로 향했다.

대련
무술이나 오늘날의 스포츠인 태권도·유도 등에서 기본형을 익힌 뒤 공격과 방어의 기술을 가리기 위해 두 사람이 상대하여 수련하는 일.

합
칼이나 창으로 싸울 때, 칼이나 창이 서로 마주치는 횟수를 세는 말.

고을
옛날에, 주·부·군·현 등의 지역을 두루 일컫던 말.

궁궐에 도착하자 고국양왕이 찾는다는 전갈이 왔다. 담덕은 서둘러 편전便殿으로 나아갔다.

"부르셨습니까?"

고국양왕은 편전의 뜰을 거닐고 있었다.

"미행微行을 한번 나가보자."

"미행이라니요?"

"임금이 백성들처럼 간편한 옷으로 갈아입고 돌아다니며 백성들의 생활을 살피는 것이란다."

"알겠습니다."

고국양왕과 담덕은 돌고와 함께 미행을 나갔다. 봄날이었지만 날씨는 아직도 쌀쌀했다. 더욱이 계속되는 흉년으로 백성들의 생활은 처참했다. 국내성을 벗어나 한적한 외곽을 살필 때였다. 먼지가 풀썩이는 시골길을 걷던 담덕은 물을 얻어 마시기 위해서 한 농가에 들어갔다.

"주인장 계시오?"

돌고가 헛기침을 크게 하며 주인을 찾았다. 서너 번 주인을 불렀으나 집 안에서는 개미 한 마리 얼씬거리지 않았다. 하는 수 없이 담덕은 방문을 열었다가 화들짝 놀라 황급히 문을 닫고 말았다. 천장마다 거미줄이 어지럽게 얽혀서 도깨비라도 나올 것만 같았던 것이다. 담덕은 서둘러 그 집을 나와 조금 떨어진 곳의 다른 집으로 들어갔다. 그 집 역시 담장은 무너지고 지붕도 군데군데 헐어서 비가 오면 줄줄 샐 판국이었다. 담덕은 마당에 들어섰다가 이내 도

편전
임금이 평상시에 거처하는 궁전

미행
임금이나 신분이 높은 관리가 그 신분을 알리지 않고 선비나 백성의 평상복 차림으로 돌아다니며 서민들의 생활을 살피는 것

로 나가려고 했다. 아무래도 사람이 살고 있는 것 같지 않았기 때문이었다.

"게 누구요?"

담덕이 막 사립문을 나설 때 안에서 사람이 나왔다. 얼굴이 쭈글쭈글한 할머니였다.

"물을 좀 얻어 마시러 들어온 나그네입니다."

담덕은 공손히 노인에게 말했다.

"그깟 물이야 한 그릇 못 주겠소. 허나 그 이상 대접할 것이 없으니 미안하구려."

노인은 부엌에서 물을 한 사발 내왔다.

"그런데 할머니, 이 마을에는 빈 집이 많은데 무슨 까닭이 있나요?"

담덕은 궁금해서 물었다. 그러자 노인은 땅이 꺼질 듯한 한숨부터 내쉬었다.

"말도 마시오. 사람들이 먹을 수 있는 풀이나 나무껍질이라도 구하려고 모두 산으로 갔기 때문이라오."

담덕은 고국양왕과 함께 노인의 집을 나오면서 한숨을 내쉬었다.

"그래, 너는 이 문제를 어떻게 생각하느냐?"

담덕은 서슴지 않고 말했다.

"진대법賑貸法을 실시하면 어떻겠습니까?"

"진대법이라?"

"폐하께서는 봄철에 식량이 없어 어려움을 겪는 백성들을 어떻게 도울 방법을 고민하고 계시지 않사옵니까? 9대 임금이신 고국천왕

사립문
잡목의 가지로 엮어 만든 문짝을 달아서 만든 문.

진대법
농민에 대하여 양곡(糧穀)을 대여(貸與) 하는 것. 진은 흉년에 백성들에게 곡식을 나누어 주는 것을 뜻하고, 대는 봄에 양곡을 대여하고 가을에 추수 후 거두어들인다는 뜻이다.

故國川王께서 실시하신 적이 있다고 전에 들은 적이 있사옵니다. 식량이 부족한 봄에 나라에서 백성들에게 곡식을 빌려주었다가 가을에 곡식을 거둬들인 후 나라에 갚도록 하는 제도라 하옵니다."

고국양왕은 고개를 끄덕이며 담덕의 말을 깊이 새겨들었다.

"나도 예전에 고국천왕께서 그런 제도를 실시한 적이 있다고 들은 적이 있다. 아주 좋은 생각이로구나."

고국양왕은 나이도 어린 담덕이 그런 생각을 했다는 사실이 매우 대견스러웠다.

"담덕은 무예뿐만 아니라 학문이 깊어 생각이나 말이 모두 이치에 맞는구나. 이렇게 총명한 네가 내 아들이라는 것이 자랑스럽구나."

"황공하옵니다."

담덕은 얼굴을 붉혔다.

미행을 마치고 편전으로 돌아온 고국양왕이 담덕에게 말했다.

"그래, 너에게 할 말이 있구나."

"올해 네 나이가 몇이더냐?"

"열두 살이옵니다."

"열두 살이라? 그러면 선왕의 뜻을 받들어 태자로 책봉册封해도 되겠구나."

"태자라고요?"

담덕은 깜짝 놀랐다.

"아직 폐하께서 정정하신데 벌써 후대後代를 생각하시다뇨? 당치 않으십니다."

고국천왕
고구려 9대왕. 이름은 남무(男武), 신대왕(新大王)의 둘째 아들. 진대법을 실시함.

책봉
왕세자, 왕세손, 왕후, 비(妃), 빈(嬪), 부마 등의 공식 직위를 부여하는 일.

후대
앞으로 올 세대.

근초고왕
조고왕(照古王), 초고왕(肖古王)이라고도 한다. 비류왕(比流王)의 둘째아들로 태어났으며 4세기 중반에 백제를 크게 발전시킨 왕이다. 369년경 마한(馬韓)과 대방(帶方)을 병합했으며, 371년 고구려 군사를 대동강에서 무찌르고 평양성을 점령하여 고국원왕이 전사했다. 이로써 백제는 지금의 경기·충청·전라도의 전부와 강원·황해도의 일부를 차지하는 강력한 고대국가의 기반을 마련하게 되었다.

책계왕
백제 제9대 왕. 고이왕의 아들로 위례성을 쌓았으며, 고구려가 대방을 침공할 때 군사를 보내 고구려를 쳤다. 고구려의 침략에 대비해 아단성과 사성을 쌓았다. 298년 한인이 맥인과 함께 침입하자, 맞서 싸우다 전사하였다.

분서왕
백제 제10대 왕 (재위 298~304년). 책계왕의 맏아들. 304년에 낙랑 서현을 점령하여 영토를 확장하였으나 낙랑 자객에게 피살됨.

낙랑
한사군(漢四郡)은 낙랑, 임둔, 현도, 진번의 사군을 말하는데 그 사군의 하나, 지금의 청천강 이남 황해도 자비령 이북 땅에 둠. BC 108년에 설치되어 여러번 변천을 거듭하다가 미천왕 14년(313년)에 고구려에 병합되었음.

마한
한반도 중부 이남 지역에 분포한 삼한(三韓) 중의 하나.

"아니다. 너를 태자로 삼을 것이니 마음의 준비를 하여라."

고국양왕은 단호하게 말했다. 그리고 담덕에게 백제에 얽힌 할아버지의 이야기를 해주었다.

고국원왕이 재위할 시절 백제에는 근초고왕近肖古王이 왕위에 있었단다. 근초고왕이 임금이 될 무렵 백제는 위기의 순간이었지. 9대 왕인 책계왕責稽王과 10대 왕인 분서왕汾西王이 낙랑樂浪 등 한반도에 남아 있는 중국 세력에 대하여 강경정책을 폈단다. 이에 낙랑은 백제를 공격하였으며, 이를 막다가 책계왕은 죽음을 당했단다.

그 뒤를 이은 분서왕도 아버지인 책계왕의 원수를 갚고자 하여 낙랑과 대립하였지. 그렇지만 낙랑이 보낸 자객에 의해 도리어 분서왕이 죽음을 당했단다. 더구나 313년에 고구려는 미천왕이 한반도에 남아 있는 중국의 마지막 세력인 낙랑군을 몰아내면서 남쪽으로의 진출을 꾀하였거든. 이에 백제에서는 근초고왕이 왕위에 오르자 마한馬韓과 대방帶方을 차지했어.

우리로서는 대방을 포기할 수가 없었지. 그래서 고국원왕께서 군사 2만을 거느리고 황해도 백천에 주둔하셨단다. 그러자 백제의 근초고왕이 태자에게 명령했어.

"태자는 군사를 거느리고 고구려를 공격하라."

왕의 명령을 받은 백제의 태자는 군사를 이끌고 나갔지. 이때 태자 진영으로 고구려에서 도망간 사기라는 자가 있었어. 원래 백제인이었던 사기는 왕의 말을 관리하던 사람인데 말이 병들자 처벌을 두려워하여 고구려로 도망왔다가 다시 돌아간 인물이지. 그는 태자에게 정보를 알려주었어.

"고구려 군사는 비록 숫자는 많지만 실제로 싸움에 능한 군사는 얼마 되지 않습니다. 그러므로 붉은 깃발이 꽂혀 있는 곳이 왕이 있는 곳입니다. 그곳만 공격하면 나머지 병사들은 오합지졸烏合之卒이 되어 도망할 것입니다."

태자는 이를 좇아 군사들에게 명령을 내렸어.

"붉은 깃발이 꽂혀 있는 진지를 집중적으로 공격하라."

모두 붉은 깃발이 꽂혀 있는 곳을 향하여 진격하니 사기의 말대로 우리 병사들은 완전히 패배하였단다. 더구나 고국원왕께서도 화살에 맞아 죽음을 당하셨지.

고국양왕은 분함을 이기지 못하고 주먹을 부르르 떨었다.

"담덕은 꼭 할아버지의 원수를 갚아야 하느니라."

"명심 또 명심하겠사옵니다."

고국양왕은 다음 두 가지 사실을 백성들에게 발표했다.

- 왕자 담덕을 오늘 태자로 임명하노라.
- 백성들이 양식이 부족한 봄에 나라에서 양식을 빌려주었다가 가을에 추수를 하면 갚도록 하는 진대법을 실시할 것이니라.

백성들은 환호성을 울렸다. 어린 나이에 호랑이와 겨루었다는

대방
한강 이북 경기도 지방과 자비령 이남 황해도 지방을 총칭한 옛 이름.

오합지졸
까마귀 떼처럼 갑자기 모인 훈련이 안 된 군사.

사실을 백성들은 알고 있었으므로, 용맹한 담덕이 태자가 되고, 임금이 된다면 장차 고구려는 중국과 겨룰 수 있는 강성한 나라가 될 것이라고 생각했다.

고국양왕과 왕비가 함께 나와 자리에 앉자, 담덕의 태자 책봉식이 시작되었다.

"둥! 둥! 둥!"

"뚜우! 뚜우!"

북소리와 나팔소리가 울렸다. 고국양왕이 일어나 신하들과 백성들을 향해 말했다.

"담덕 왕자를 오늘 태자로 봉하노라. 짐의 뒤를 이을 태자이므로 모든 신하들과 백성들은 태자를 잘 도와 고구려를 더욱 발전시켜

주기를 바라노라."

담덕은 일어나 고국양왕에게 큰절을 올렸다. 고국양왕은 담덕의 머리 위에 태자관을 손수 씌워 주었다.

담덕이 태자관을 쓰고 신하들을 향해 나가자, 신하들은 모두 엎드려 절을 하였다. 담덕은 신하들과 일일이 악수를 하며 앞으로 자신을 잘 도와줄 것을 눈빛으로 말했다. 신하들은 고개 숙여 절을 하며 이에 응했다.

고국양왕이 태자가 올린 술잔을 높이 들자 담덕과 신하들도 함께 술잔을 들었다. 궁궐 안에서는 흥겨운 풍악風樂이 울렸다.

> **풍악**
> 예부터 전해 내려오는 우리나라 고유의 음악.

"담덕 태자 만세!"

"폐하 만만세!"

신하들과 군사들은 천지가 진동하도록 함성을 질렀다.

함성이 잦아들고 조용해지자, 고국양왕은 궁녀가 가져온 물건을 받아들었다.

"이것은 고구려를 세우신 추모왕께서 사용하시던 칼이니라. 추모왕께서는 아드님이신 유리왕琉璃王과 헤어지신 후에 이 칼을 아버지와 아들을 이어주는 증거로 삼으셨단다. 그 뒤에 이 칼은 대대로 임금이 될 사람에게 물려졌단다. 이제 태자가 이 칼을 받았으니 추모왕의 뜻을 받들어 더욱 고구려를 발전시킬지어다."

> **유리왕**
> 고구려 제2대 왕. 휘는 유리. 어머니는 예(禮)씨, 비는 송비(松妃). 부여(扶餘)에서 아버지를 찾아 고구려로 와서 태자에 책립되고 주몽(朱蒙)의 뒤를 이어 즉위했다.

"명심, 또 명심하겠나이다."

태자가 된 담덕은 아버지의 말씀을 가슴속에 새기며 다짐하였다.

"태자마마, 감축드리옵니다."

돌고가 인사를 올렸다.

"앞으로 그대가 할 일이 많아졌소. 나를 많이 도와주시오."

"이 한 몸을 바쳐 태자마마께 충성을 다하겠나이다."

잔치가 끝나자 담덕은 고구려를 건국한 추모왕에게 제사를 지내는 국조묘國祖墓로 발길을 옮겼다. 담덕은 국조묘에서 추모왕이 나라를 세운 일을 생각하며 마음을 다잡았다.

> **국조묘**
> 그 나라의 시조(始祖)의 무덤.

'시조 할아버지인 추모왕은 부여를 떠나 이 나라를 세우셨다. 만약 추모왕께서 고구려를 세우지 않았다면 나는 부여의 신하로 있었을까? 추모왕이 고구려를 세울 즈음 백성들의 살림살이는 매우 비참했고, 대륙에서는 한반도를 호시탐탐 노리고 있었다……'

담덕은 마른침을 삼켰다. 이미 날은 저물어 저녁 어스름이 몰려오고 있었지만, 아랑곳하지 않고 담덕은 생각에 잠겨 있었다.

'한 나라의 주인이 해야 할 일은 그 나라의 백성들을 잘 돌보는 일이다. 그렇다. 나는 할아버지의 원수도 갚고, 고구려를 가장 부강한 나라로 만들어 백성들을 잘살게 해야 한다. 나는 이제 고구려의 태자이다.'

어느덧 국조묘의 주변은 앞을 분간할 수 없을 정도로 어두워져 있었다. 담덕은 천천히 국조묘를 빠져나왔다. 이제 자신은 고구려의 태자가 되었고, 고국양왕의 뒤를 이어 왕위를 이어가야 할 몸이었다. 큰아버지인 소수림왕과 아버지인 고국양왕에게 보답하는 길은 좋은 왕이 되는 일뿐이었다. 담덕은 두 주먹을 불끈 쥐고 꼭 훌륭한 왕이 되겠다고 다짐했다.

| 재미있는 고구려 이야기 | 02

고구려시대에도 김치가 있었을까요?

김치는 우리나라 특유의 채소 가공식품으로 아주 오랜 옛날부터 즐겨 먹던 반찬입니다. 배추·무·오이 등을 소금에 절여서 고추·마늘·파·생강·젓갈 등의 양념을 넣어 자연발효를 시킨 뒤에 먹는 음식이지요.

오늘날에는 훌륭한 다이어트 식품일 뿐 아니라 영양이 가득 들어 있는 좋은 식품이라고 하여 세계인들이 즐겨 먹는 음식이 되었습니다.

우리나라 김치에 관한 최초의 기록은 중국의 《삼국지三國志》〈위지魏志〉동이전東夷傳 고구려조에 나와 있답니다.

'고구려 사람은 채소를 먹고, 소금을 멀리서 날라다 이용했으며, 나무와 풀이 중국과 비슷해 장양(술 빚기, 장 담기, 젓갈 담기)에 능하다.'고 하여, 이 시기에 이미 저장 발효식품이 생활화되었다는 사실을 보여 주고 있습니다.

고구려는 남쪽에 있는 나라들에 비해 겨울이 길어서 겨울철에는 채소가 귀했답니다. 그래서 가을에 수확한 채소를 썩지 않게 보관하기 위해 생각해낸 것이 바로 김치입니다. 김치는 무·오이·가지·부추·대나무순·마늘 등을 소금으로 절이거나, 술이나 술지게미, 소금을 함께 넣어 절였는데, 오늘날의 김치보다는 장아찌에 가까웠어요.

삼국시대에는 고구려뿐만 아니라 백제와 신라에서도 김치를 담갔는데, 이는 익산의

미륵사지에서 발견된 높이 1m 이상의 대형 토기를 통해 알 수 있습니다.

또한 신라에서도 성덕왕(聖德王, 재위 702~737년) 19년(720년)에 세워진 법주사法住寺 안에 있는, 큰 돌로 만든 독은 김칫독으로 사용되었을 것으로 추측됩니다.

책에 나타난 김치는 《고려사高麗史》에서도 볼 수 있습니다. 김치를 뜻하는 한자는 '저菹'로써 《고려사》 제60권 〈예지〉 제14권에 새벽 관제 제사를 올릴 때 진설표陳設表에 저 4종(부추저·순무저·미나리저·대나무순저)이 나옵니다.

고려 고종(高宗, 재위 1213~1259년) 때의 문장가 이규보李奎報가 지은 〈가포육영〉이라는 시 속에는 우리나라에서 김장을 담갔었음을 나타내고 있습니다.

무장아찌, 여름철에 먹기 좋고
소금에 절인 순무, 겨우내 반찬 되네.

이로 미루어 삼국시대의 장아찌에서 고려시대에는 오늘날의 물김치 같은 무소금절이와 나박김치와 동치미로 발전했음을 알 수 있습니다. 이때 양념으로 천초, 생강, 귤껍질 등이 쓰였다고 합니다.

고려시대의 김치는 원나라에도 전해져, 고려 여인으로서 원나라의 황후가 된 기황후를 중심으로 퍼진 고려양의 하나가 되었습니다.

고려 말기에 이색李穡이 지은 《목은집牧隱集》에는 김치의 우리말의 직접적인 한자 표기인 '침채'가 처음으로 나옵니다. 그렇지만 김치에 고춧가루를 넣기 시작한 것은 임진왜란 이후의 일이에요. 이전에는 김치를 붉게 하기 위해 맨드라미꽃을 넣었답니다. 고추는 열대 아메리카가 원산지로, 임진왜란을 전후해 우리나라에 들어왔으니까요. 이익李瀷의 《성호사설星湖僿說》에 광해왕光海王 이후 고추가 널리 사용되었다고 되어 있습니다.

한국인의 식생활에 기본이 되는 김치와 된장, 그 역사를 알고 보니 우리 조상들의 지혜가 더욱 놀라울 뿐입니다.

천초 산초나무 열매의 껍질.
고려양 원나라에 유행한 고려식 풍습으로 한복·버선·신발 등이 원나라의 귀족문화를 이루었다.

3. 군사를 기르다

어느 날 담덕이 돌고에게 말했다.

"돌고, 우리가 후연後燕에게 빼앗긴 요동성과 현도성을 되찾고, 백제에 원수를 갚기 위해서는 잘 훈련되어 전투에 능한 젊은 군사들이 필요하다네."

"그렇습니다. 잘 훈련된 한 명의 군사가 열 명의 적을 막을 수 있습니다."

"그래서 말인데 그대가 이 일을 책임지고 맡아주게."

"소인이요?"

돌고는 깜짝 놀랐다. 담덕이 전혀 뜻밖의 말을 했기 때문이었다.

"소인이 어떻게 그 큰일을 맡을 수가 있겠습니까?"

"그대는 나와 함께 지내며 병법도 공부했고, 또 그대의 무술이야 말로 고구려에서 손가락 안에 들 정도가 아닌가?"

> **후연**
> 전연(前燕)의 유제(幽帝:慕容暐)의 숙부인 모용수(慕容垂)가 부흥시킨 선비족(鮮卑族)의 나라. 문무에 뛰어난 모용수(世祖:武成帝)는 384년 연왕(燕王)이라 칭하며 중산(中山)에 도읍을 정하였다. 가장 융성할 때는 영토가 중산과 업(鄴)을 중심으로 한 화북평야(華北平野) 일대에서 북으로는 남몽골에까지 이르렀다.

"부족한 것이 많은 소인입니다만 태자마마의 뜻이 정 그러하시다면 좋은 재목을 찾아 고구려 최고의 병사로 기르도록 성심을 다하겠습니다."

돌고가 승낙하자 담덕은 손을 잡았다.

"고맙네. 그럼 오늘 나와 함께 미행을 다녀 보세. 반드시 좋은 재목을 찾을 수 있을 것이네."

두 사람은 국내성國內城을 나와 여러 마을을 돌아보았다. 백성들은 저마다 농사 준비에 바빠 눈코 뜰 새가 없었다. 이때 어디선가 우렁찬 기합 소리가 들려왔다.

국내성
고구려 전기(前期)의 수도. 제2대 유리왕 때 천도하여 제20대 장수왕 때 평양성으로 천도하였다.

"이얍!"

"으라차차!"

담덕과 돌고는 소리가 들리는 곳으로 갔다. 담 너머로 바라보니 집안에는 나이 지긋한 노인이 열 명가량의 소년들에게 무술을 가르치고 있었다. 호기심을 이기지 못한 담덕이 사립문을 제치고 집안으로 들어갔다.

"누구시오?"

"지나가는 나그네이온데 기합 소리를 듣고 들렀습니다. 이곳은 무술 연습장인가요?"

"아닐세. 일 년 전 후연의 모용수慕容垂에게 당한 일이 있어 그 아픈 기억을 반드시 갚고 싶어서라네. 그래서 동네 어린아이들에게 무술을 가르치고 있다네."

모용수
중국 5호16국시대 후연(後燕)의 건국자(재위 384~396년).

담덕도 노인이 말한 사연을 알고 있었다.

진나라(전진)에게 망한 뒤 뿔뿔이 흩어졌던 모용선비가 반란을 일으켰다. 모용황의 다섯째 아들인 모용수는 요장과 힘을 합쳐 전진의 왕인 부견을 죽이고 요장은 진나라의 대왕이 되고, 모용수는 전연의 왕이 되었다. 모용수는 성격이 엉큼하여, 남이 보면 안 그런 척하다가 안 보면 자기가 마음먹은 대로 행동하는 교활한 사람이었다.

모용수는 아들 모용보, 모용농과 함께 30만 대군을 이끌고 고구려의 요서지방과 대방지방으로 향하였다. 후연의 병사들에게 '백여 년 전 연나라 유주자사 관구검의 실패에 대한 원수를 갚자.'라고 설득하면서 고구려로 나아갔다.

고구려 군사들은 전쟁에 뜻이 없는 것처럼 보여 후연의 군사를 꾀어냈다. 후연의 군사들은 고구려 군사들을 얕보고 쳐들어왔다가 크게 패하여 도망갔다. 고구려는 요동성과 현도성까지 되찾게 되었다. 요동성에서는 철이 많이 나서 무기를 만드는 재료가 풍부할 뿐만 아니라, 대륙과 고구려를 연결하는 교통의 요지로서 아주 중요한 지역이었다.

그러나 모용수의 동생 모용농이 군사를 이끌고 다시 고구려로 쳐들어왔다. 요동성과 현도성을 방어하던 고구려 군사들은 후연의 군사에 비하여 숫자가 너무나 적었다. 그리하여 급히 고국양왕에게 구원병을 요청하였다.

그러나 고국양왕은 백제의 진사왕辰斯王이 고구려로 쳐들어올 움직임을 보였으므로 섣불리 군사를 요동성과 현도성으로 보낼 수

진사왕
백제의 제16대 왕. 근구수왕(近仇首王)의 둘째 아들. 침류왕(枕流王)의 동생. 성품이 강하고 총명하며 지략이 많았다. 침류왕이 죽자, 태자 아신(阿莘)의 나이가 어렸으므로 그가 즉위하였다.

가 없었다. 안타까웠지만 구원병을 보내지 못했고, 결국 요동성과 현도성을 후연에게 빼앗기고 말았던 것이다.

노인은 전쟁에서 겨우 살아 돌아왔다. 노인은 함께 싸우다 전사한 친구들에게 미안하고 창피했다. 그래서 갓을 쓰고 동네를 돌아다니면서 아이들에게 말했다.

"이 할아버지가 너희들에게 칼 쓰는 법과 활 쏘는 법을 가르쳐 주마."

아이들은 무술을 가르쳐 준다는 소리에 노인의 집으로 모였다.

노인은 이렇게 작은 일이라도 하는 것이 전쟁에서 죽은 친구들의 원혼冤魂을 달래는 길이고, 조금이나마 나라에 보답하는 길이라고 생각하는 듯했다. 아이들의 제법 날렵한 몸동작을 보면서 두 사람은 흐뭇한 표정을 지었다.

"이 아이들을 가르치려면 힘들지 않으세요?"

담덕이 묻자 노인은 고개를 저었다.

"물론 힘이야 들지. 그렇지만 나라를 위하는 일이니 보람을 느끼고 있다오."

"그래도 가족의 생계生計를 책임져야 하실 텐데……."

"내 뜻을 아내가 알기 때문에 도움을 준다네. 자식들도 도와주고 있고."

담덕은 노인에게 정중하게 인사를 한 다음 그 집에서 나왔다.

"마을마다 이렇게 무술을 가르치는 곳이 있습니다."

원혼
원통하게 죽은 사람의 넋.

생계
사람이 굶거나 헐벗지 않고 하루하루 먹고 살아가는 방도.

돌고가 말했다.

"그렇다면 아이들을 잘 가르칠 수 있게 나라에서 지원을 해주면 어떨까?"

"그렇게 된다면야 좋지요. 무술뿐만 아니라 학문도 함께 가르치면 어떨까요? 소인이 왕자님과 대련을 할 때 번번이 진 것은 사실 무술만 알았기 때문이었지요."

"그래서 내가 자네에게 책을 보내준 것이 아닌가."

"아, 그런가요?"

두 사람은 마주보고 유쾌하게 웃었다.

 미행을 마치고 돌아온 담덕이 고국양왕을 찾았다.

 "폐하, 미행을 다녀왔습니다."

 "그래, 잘했구나. 백성들의 생활을 자주 살피는 것이 나라를 다스릴 때 좋은 길잡이가 될 것이니라. 또한 백성들의 어려움을 피부로 느껴야 훌륭한 정치를 펼칠 수가 있는 것이니라."

 "폐하, 이번 미행에서 나라에서 실시했으면 하는 좋은 제도를 하나 생각해냈습니다."

고국양왕은 눈이 휘둥그레졌다.

"무슨 제도인데 그러느냐, 어서 말해 보아라!"

"전쟁에 경험이 많은 군사를 뽑아 각자 고향으로 보내는 것입니다. 그들로 하여금 마을에서 아이들을 가르치게 하는 것입니다."

"그럼 그들에게 돈을 주어야 될 것이 아니냐?"

"마을마다 돈 많은 부자들이 있을 것입니다. 그들의 협력을 받으면 될 것입니다."

"그들이 과연 협조를 할까?"

고국양왕은 고개를 갸웃거렸다.

사실 고구려는 같은 성씨를 중심으로 마을을 이루고 있었다. 그들은 대부분 고구려 왕실에 협조적이었지만 간혹 그렇지 않은 씨족들도 있었다. 고구려의 서울인 국내성도 소노부消奴部, 절노부絕奴部, 순노부順奴部, 관노부灌奴部, 계루부桂婁部 등 5개의 부족으로 이루어져 있었다. 그 중에도 왕족인 계루부와 왕비족인 절노부가 중심을 이루고 있었다.

"협조를 안 하면 나라에서 강력하게 처벌을 해야지요. 말을 안 들으면 처벌을 해서 임금이 무섭다는 것을 보여 주어야 합니다."

담덕은 단호하게 말했다.

"태자의 말이 맞다. 어서 제가회의諸家會議를 소집하라."

고국양왕의 명령으로 회의가 열렸다. 제가회의는 고구려시대에 나라의 중요한 일을 의논하고 결정하던 귀족회의로, 부족국가였던 고구려 초기부터 실시되었다. 처음에는 왕권이 약하여 귀족의 대

> **제가회의**
> 고구려 때 국가의 정책을 심의하고 의결하던 귀족회의. 주요 기능은 왕권 견제와 관련된 왕위 계승 문제, 대외 전쟁이나 정복 활동, 기타 국가의 중대사에 관한 심의·의결 등이다.

표가 의장이었으나, 왕권이 강해진 중기 이후에는 임금이 임명한 대대로大對盧가 의장이 되었다.

> **대대로**
> 국사(國事)를 총괄하던 오늘날의 총리와 같은 직책. 임기는 보통 3년이지만 현명한 인물, 혹은 독재자인 경우에는 얼마든지 연장할 수 있었다.

제가회의에 모인 신하들은 무슨 일인지 궁금해하는 눈치였다.

"무슨 일이 있기에 갑자기 회의를 소집하시는 거요?"

"글쎄요, 나도 잘 모르겠소이다."

고국양왕이 회의장에 들어오자 태자도 뒤따라 들어왔다.

"오늘 경들을 갑자기 부른 것은 급히 의논할 일이 있어서요."

고국양왕은 잠시 뜸을 들였다.

"이것은 태자가 제안한 일이오. 우리는 고국원왕 때에 연나라와 백제에게 연이어 치욕적인 패배를 당했음을 경들도 알 것이오. 이 패배를 되갚기 위해서는 강한 군사들이 필요하오. 따라서 많은 군사를 길러야 하는데, 이 일을 수행하기 위해 전쟁의 경험이 있으면서도 나이가 많은 군사를 뽑아서 고향으로 보내 고을에 있는 아이들을 가르치게 하려고 하오."

고국양왕의 말에 신하들은 웅성거렸다.

"태학에서 공부를 시키고 있는데 무슨 말씀을 하시는 것인지?"

"무술을 가르친다고 하시잖소!"

고국양왕은 손을 들어 신하들을 저지했다.

"그런데 이 일을 시행하려면 많은 돈이 필요하오. 그래서 경들의 협력을 바라는 것이오."

대대로가 말했다.

"폐하의 뜻을 잘 알겠습니다. 은퇴한 군사들로 하여금 군사에 관한 기초교육을 시키자는 것이지요? 그리고 은퇴한 군사들에게 보상을 해주자는 말씀인 듯하온데…….”

"그렇소. 이 일을 계속할 수 있도록 여러분들께서 필요한 경비經費를 담당해 주시기 바랍니다."

대대로가 돈을 내라는 말에 신하들의 표정이 바뀌었다. 이것을 지켜본 고국양왕이 버럭 소리를 질렀다.

"이 나라가 누구의 나라인가? 그리고 군사를 기르지 않으면 누가 이 나라를 지켜낸단 말이오? 경들은 선왕이신 고국원왕 때의 치욕을 벌써 잊었단 말이오?"

고국양왕의 말에 신하들은 몸이 움츠러들었다. 그러자 대대로가 나섰다.

"나라를 위하는 일에 어찌 소신들이 가만히 있을 수가 있겠습니까? 폐하의 뜻에 기꺼이 따르겠사옵니다."

그러자 고국양왕의 목소리가 조금 수그러지는 듯하였다.

"그럼 이것을 나라의 제도로 삼아 아이들을 가르치도록 하시오."

"무술뿐만 아니라 학문도 가르치려고 합니다."

곁에 있던 담덕이 말했다.

"학문까지도요?"

"그렇습니다. 싸움이란, 칼을 잘 쓰고 활만 잘 쏜다고 되는 것이 아닙니다. 학문이 뒷받침이 되어 병법兵法을 알아야 영리하게 싸울 수가 있는 것입니다."

담덕의 말에 신하들은 감탄하였다.

> **경비**
> 일을 하는데 드는 돈.

> **병법**
> 군사를 부려서 전쟁을 수행하는 방법.

"고구려의 미래를 밝게 한다는 뜻에서 '경당扃堂'이라고 하는 것이 어떻겠습니까?"

"경당이라? 그것 좋은 이름이로다."

고국양왕을 비롯하여 신하들은 모두 담덕의 뜻에 따랐다.

그리하여 고구려의 젊은이는 모두 경당에 들어가 학문과 무예를 닦은 뒤 고구려를 지키는 든든한 군사로 자라게 되었다.

제가회의가 끝나자 담덕은 돌고를 불렀다.

"돌고, 이제부터 자네는 각 경당을 돌며 재주 있는 아이들을 뽑아 주시오. 그래서 그들을 특별히 훈련시켜 고구려의 정예병精銳兵으로 키워야 하오. 그 일을 맡아 주시오."

담덕의 명령을 받은 돌고는 고구려 전국에 있는 경당을 돌며 재주 있는 청년들을 뽑아 훈련을 시켰다. 고된 훈련에 그들은 불만이 많았다. 그 소식을 들은 담덕이 훈련장을 찾았다.

"여러분, 여러분의 마음을 누구보다도 잘 알고 있소. 그러나 우리나라는 후연과 국경을 맞대고 있어 항상 침략의 위협을 당하고 있지 않소. 더구나 남쪽에는 백제와 접하고 있어 백성들은 항상 불안에 떨고 있소. 백성들은 곧 우리들의 부모요, 형제들이오. 이들이 편안하고 행복한 생활을 할 수 있도록 하기 위해서는 여러분의 임무가 막중하오. 그러니 여러분의 손에 나라의 장래가 달렸다고 생각하고 훈련이 고되더라도 열심히 임해 주기를 당부하오."

담덕의 말에 그동안 불만을 가지고 있던 젊은 병사들은 모두 반성하고 새로운 각오를 다졌다.

경당
고구려 때 평민층의 자제들을 위하여 설립한 사립 교육기관. 혼인하기 이전의 지방 평민층 자제들이 모여 경전을 외우고 무예를 익히는, 문무를 함께 익히는 사설학숙(私設學塾)이었다.

정예병
특히 날쌔고 뛰어난 병사.

고국양왕이 담덕을 불러 물었다.

"군사들의 훈련은 잘 되고 있느냐?"

"계획한 대로 잘 되고 있습니다."

> **기세**
> 남들이 두려워할 만큼 세찬 기운과 힘.

"이번에 백제를 치려고 한다. 백제의 기세氣勢를 꺾어야만 후연과의 싸움에 대비할 수 있을 것 같구나. 훈련된 병사들을 출전시키면 어떻겠느냐?"

"폐하, 그럼 소자가 군사를 이끌고 나가 백제군과 맞서 싸우겠습니다."

담덕의 갑작스러운 말에 고국양왕은 당황했지만 곧 평온을 되찾고 손을 내저었다.

"태자는 아직 어려서 전쟁터에 나갈 나이가 아니다. 아직 학문과 무술을 더 닦도록 하라."

"소자의 나이 열네 살이옵니다. 전쟁에 나가 싸워도 될 만한 나이이옵니다."

"태자는 짐의 뒤를 이어 고구려를 이끌어갈 사람이다. 함부로 몸을 움직여서는 아니된다."

"백성들의 생활이 안정되어야 나라도 평안한 것입니다. 백성들이 불행하면 태자가 무슨 소용이 있겠습니까? 이번에 전쟁에 나가 백제군의 사기를 꺾고, 고구려 태자로서 당당한 모습을 백성들에게 보이겠습니다."

"태자의 뜻은 가상하고 기특하도다. 하지만 이번만은 짐의 뜻을 따를지어다."

고국양왕은 담덕이 기특했다. 앞으로 자신의 뒤를 이어 고구려를 더욱 발전시킬 수 있을 것이라고 확신이 섰다.

고구려는 담덕이 훈련시킨 군사들이 중심이 되어 백제를 공격하였다. 비록 큰 승리는 아니었지만 백제군의 사기를 꺾는 데는 성공하였다.

이제 고구려는 후연과의 전쟁에 대비할 수 있는 힘을 모을 수가 있었다.

| 재미있는 고구려 이야기 | 03

고구려를 비롯한 삼국三國의 백성들끼리는 말이 통했을까요?

정답부터 말하자면 고구려와 백제 지배층의 언어는 같았으며, 백제 하층민의 언어와 신라의 언어 또한 같았다고 볼 수 있습니다.

본래 한국어는 알타이어에서 발생해 원시 한국어로 발전했으며, 여기에서 신라어와 백제어는 원시 한국어로, 고구려어는 원시 부여어로 나누어졌습니다. 삼국 모두 언어의 뿌리가 같기 때문에 문법이나 글자를 만드는 방법이 같았지요. 다만 일부 단어에서만 차이가 있을 정도였답니다.

고구려와 백제 지배층의 언어가 한 뿌리라는 사실은 ≪삼국유사三國遺事≫와 ≪삼국사기三國史記≫의 내용으로 추측할 수 있습니다. 먼저 ≪삼국사기≫의 〈고구려 장수왕(長壽王, 재위 413~491)편〉에는 백제 사람으로 고구려에 항복한 만년과 걸루라는 장수가 나오는데, 이 두 장수는 항복한 즉시 대모달이라는 벼슬을 받았습니다. 대모달은 고구려의 무관으로서는 최고 사령관에 해당하는 관리로, 대당주라 부르기도 했습니다. 만일 이 두 장수의 모국어인 백제어가 고구려의 언어와 서로 통하지 않았다면 항복하자마자 그렇게 높은 벼슬을 맡아 군사들을 이끌 수는 없었을 것입니다.

역시 ≪삼국사기≫의 〈고구려 장수왕편〉을 보면, 고구려의 첩자인 도림이란 승려가 백제로 몰래 들어가는 내용이 있습니다. '도림은 죄를 짓고 도망쳐 왔다고 거짓으로 말하고 백제로 몰래 들어왔다.'는 내용이지요. 서로 말이 통하지 않았다면 도림이 백제로 몰래 들어오기 전에 오랫동안 백제 말을 배웠어야만 했을 텐데, 기록에는 그런 내용이 전혀 나오지 않습니다.

이런 사실로 미루어 볼 때 백제의 지배층은 물론이고, 시대가 흐름에 따라 하층민까지도 고구려와 말을 하는 데 전혀 불편함이 없었다고 할 수 있습니다. 왜냐하면 백제의 지배층은 고구려와 같은 부여 계통으로 말이 고구려와 비슷했거니와, 점차 백성들까지도 표준어라고 할 수 있는 지배층의 말을 배웠을 것이기 때문입니다.

백제 하층민의 말과 신라에서 사용하는 말이 같았다는 것은, 현재 전하는 가장 오래된 향가로 알려진 '서동요薯童謠'를 보면 알 수 있습니다.

서동요는 백제 무왕(武王, 재위 600~641년)이 임금에 오르기 전에 신라의 서라벌에 퍼뜨린 향가로, 백제 사람인 그가 신라의 노래인 향가를 지어 부른 것으로 보아 신라와 백제가 서로 같은 말을 사용하고 있었음을 알 수 있습니다.

그러나 고구려와 신라 사이에는 백성들이 고구려와 백제 또는 신라와 백제처럼 빈번히 오가지 않았습니다. 그러니 언어에도 약간 차이가 있어 '산山'을 신라와 백제에서는 '모리', 고구려에서는 '달'로 발음했고, '바다'는 신라에서는 '바', 고구려에서는 '나미'로 말했답니다.

어쨌든 신라와 백제, 백제와 고구려는 사용하는 말이 오늘날의 남한과 북한 정도의 차이밖에 나지 않았으리라 짐작됩니다. 이는 신라가 삼국을 통일한 이후에 눈에 띄는 말을 하나로 묶는 정책을 한 적이 없었던 것으로 보아도 알 수 있습니다. 즉, 삼국 사이에는 말에 다른 점이 별로 없었기 때문에 언어 통일 문제 또한 그렇게 중요시하지 않았던 것입니다.

이때는 일본과의 의사소통에도 별로 어려움이 없었을 것으로 추측합니다. 삼국, 특히 백제 사람들이 자주 일본을 오갔으며, 일본 지배층 사람들이 대부분 백제 사람들로 이루어졌던 것으로 미루어 충분히 짐작할 수 있는 일입니다.

4. 임금이 되다

고국양왕은 긴 한숨을 내쉬었다. 가뭄이 극심한 해였다. 그런데다 추수철에는 홍수로 인해 애써 가꾼 농사를 망쳤다. 이제 더 이상 용상龍牀을 지켜서는 안 되겠다는 생각이 들었다.

'왕위를 물려줄 때가 된 것일까. 하늘이 어서 왕위를 물려주라고 재촉하는 것만 같군……'

고국양왕은 소수림왕에게서 고구려의 왕통을 이어받은 지 얼마나 되었는가를 찬찬히 헤아려 보았다. 거의 7년이었다.

고국양왕이 왕위를 물려받기 위해 국내성의 궁궐로 들어서면서 처음 한 결심은 대륙과 백제로부터의 침략을 막아 백성들이 평화롭게 잘살 수 있는 고구려를 만들겠다는 것이었다. 그리고 그 후 지금까지 고구려를 위해 정신없이 일했다고 말할 수 있었다. 지나간 일들이 고국양왕의 머릿속을 빠르게 지나갔다.

> **용상**
> 임금이 정무를 볼 때 앉는 평상. 용평상(龍平牀)의 준말.

"폐하, 빗방울이 굵어지고 있습니다. 그만 안으로 드시는 것이 좋을 듯싶사옵니다."

내관의 말이 아니더라도 고국양왕은 안으로 들어가야겠다는 생각을 하고 있었다. 비가 온다고 해도 아직 여름 끝이라 춥지는 않으련만 고국양왕은 으슬으슬 한기를 느끼기까지 했다. 그래서 산책을 그만두고 침소로 가 누웠다. 어깨가 결리고 머리가 심하게 아픈 것이 아무래도 병이 심상치 않은 것 같았다.

'아무래도 내 몸이 조금이라도 성할 때 왕위를 태자에게 물려주어야겠다.'

그것이 고구려를 위해 옳은 일일 것 같았다. 그리고 자신은 새 왕이 나라를 잘 다스릴 수 있을 때까지 곁에서 지켜보면서 보살펴 주고 싶었다.

담덕이 편전에 도착했을 때는 신하들도 모두 모여 있었다.

고국양왕은 태자인 담덕에게 왕위를 물려주겠다는 뜻을 신하들에게 비치었다.

"폐하께옵서 보령이 아직 한창이옵고, 태자도 아직 나이가 어리며, 나라에 큰일이 있는 것도 아닌데 왕위를 물리신다는 것은 당치 않사옵니다."

그러나 고국양왕은 건강을 장담할 수 없었다.

"여러분의 뜻은 잘 알겠소. 그러나 짐의 건강이 고구려를 이끌만 하지 않소. 그리고 이제 태자도 임금의 자리에 올라 고구려를 다스릴 나이가 되었소."

보위
제왕의 자리. 왕위.

결의
굳게 뜻을 정하는 것. 또는 그 뜻.

면류관
임금의 정복(正服)에 쓰는 관.

고국양왕의 뜻이 강경하자 신하들도 더 이상 반대할 수가 없었다. 담덕이 보위寶位에 올라야 하는 것은 예정된 사실이었다. 담덕은 의연하게 행동하는 것이 옳겠다고 마음을 굳혔다. 그래서 왕이 쓰는 붉은 양산을 쓰고 지팡이를 든 채 편전 안으로 들어섰다. 그 모습을 본 고국양왕의 입가에 비로소 만족한 듯 미소가 퍼졌다.

붉은 빛깔의 양산은 영롱한 햇살을 받아 담덕의 얼굴을 더욱 환하게 해주었다. 담덕의 모습은 당당했고, 그의 얼굴은 결의에 차 있었다.

고국양왕은 임금이 쓰는 모자인 오색 구슬로 장식된 면류관冕旒冠을 벗어 담덕의 머리에 씌워 주었다.

"이제 이 나라 고구려의 국왕은 여기 서 있는 담덕이오."

고국양왕은 이렇게 말을 하고는 가슴이 벅차올라 다음 말을 잇지 못했다. 어려운 때에 오른 왕의 자리를 이제 영특한 아들에게 물려준다고 생각하니 감회가 새로웠다. 늠름한 아들의 모습을 바라보며 감격에 겨워 말했다.

"모든 경들은 들으시오! 문무백관들은 이제 담덕의 말을 잘 따라 주길 바라오. 그러나 담덕의 나이 아직 어리니 여러분들이 많이 도와주어야 할 것이오."

이리하여 고구려는 제19대 임금으로 젊고 영특한 광개토대왕廣開土大王을 맞아들였다. 이때 나이는 17세로, 고국양왕은 7년 만에 왕위를 아들에게 물려준 것이다. 새 임금이 왕위를 계승하자 고국양왕은 상왕上王이 되었다.

상왕
임금이 생존하여 있으면서 왕위를 다음 임금에게 물려주었을 때 물러난 임금을 가리키는 말.

 | 재미있는 고구려 이야기 | 04

고구려시대에도
화장을 했다면서요?

　옛날이나 오늘날이나 사람들은 좀 더 아름다워지려는 욕망을 가지고 있습니다. 그래서 각종 화장품도 함께 눈부신 발달을 했던 것이지요.
　하지만 옛날의 화장은 아름다워지는 것과 더불어 신분을 나타내기도 했답니다.
　또한 우리나라 화장의 역사는 굉장히 오래 되었지요. 단군신화에서도 그 근거를 찾을 수가 있습니다. 즉 환웅이 장차 신부가 될 곰과 호랑이에게 쑥과 마늘을 주었는데, 이 두 가지는 얼굴을 희게 하는 성분이 있는 것이기 때문입니다. 또한 동굴에서 생활하도록 하였는데, 이것은 옛날에는 얼굴이 흰 사람을 귀하게 여기는 관습에 따른 것입니다.
　삼국시대 이전에 한반도 북부에 살았던 읍루 사람들은 겨울에 돼지기름을 발라 피부를 보호하고 추위를 견뎌냈다고 합니다. 돼지기름은 피부를 부드럽게 하고, 동상을 예방하는 기능을 가졌을 뿐만 아니라 햇볕에 타는 것을 막아준답니다. 특히 읍루인들은 돼지기름을 자연 상태가 아닌 가공하여 썼다고 합니다. 또 말갈인들은 피부를 희게 하려고 오줌으로 세수를 했다는 기록도 있습니다.
　마한이나 변한 사람들은 문신을 했으며, 낙랑에서는 머리털을 뽑아 이마를 넓히는 등의 미용술도 하였다고 전해집니다.
　그리고 삼국시대에 들어오면서 화장술이 더 발전되었다고 할 수 있습니다. 고구려의 벽화를 보면 시녀가 뺨에 연지 화장을 하고 머리를 곱게 빗은 것을 볼 수 있을 것입

니다. 신분이나 빈부의 구분 없이 화장을 했음을 알 수 있는 자료입니다.

　일본의 옛 문헌인 ≪화한삼재도회≫에, 일본인들은 백제로부터 화장품 제조 기술과 화장 기술을 익혀 비로소 화장했다고 나와 있습니다. 이로 미루어 볼 때 백제에서는 화장 기술과 화장품을 만드는 기술을 익혀 화장을 하였음을 알 수 있습니다. 따라서 백제의 화장 기술과 화장품 제조 기술이 매우 높은 수준이었음을 알 수 있지요. 그런데 백제는 그 뿌리가 고구려입니다. 그러므로 백제의 화장술은 고구려에서 본받았다고 할 수 있겠지요. 다만 중국 책에 '시분무주(분은 바르되 연지는 바르지 않았다.)'라고 기록되어 있는 것으로 보아, 백제 사람은 화려한 중국 화장술과는 달리 엷고 은은한 화장을 좋아했다고 볼 수 있습니다.

　신라에서는 납을 이용한 화장품인 연분을 널리 사용했답니다. 이전에는 백분이 있었는데, 얼굴에 들러붙는 힘과 얼굴에 퍼지는 것이 약하여, 분을 바르기 전에 족집게나 실면도로 안면顔面의 솜털을 일일이 뽑은 후에 백분을 물에 개어 바르고, 반시간 가량 꼼짝 않고 누워 있어야 하는 등 매우 불편했다고 합니다. 연분은 납을 화학처리함으로써 흡착력이 좋아 잘 펴 바를 수 있었는데, 당시로서는 획기적인 발명이었다고 볼 수 있습니다.

　또한 불교문화가 전래됨으로써 목욕이 대중화되면서 쌀겨로 목욕을 하게 되었고, 팥·녹두·콩껍질로 만든 조두라는 비누와 향수, 향료까지 사용했다고 전해집니다.

5. 자주국가를 이루다

광개토대왕은 왕위에 오른 뒤에도 학문을 조금도 게을리하지 않았고, 무술을 닦는데도 힘썼다. 매일 해가 뜨기 전에 어김없이 자리에서 일어나 많은 신하들의 본보기가 되었다.

우선 조회를 하고, 신하들을 번갈아 만나며 그들이 원하는 바가 무엇인지 알기 위해 이야기를 귀담아 들었다. 그 다음으로는 제가 회의를 열어 신하들과 나랏일을 의논하였다. 그리고 틈만 나면 책을 읽거나 활터에 나가 활시위를 당겼다.

광개토대왕은 중요한 일을 결정할 때에는 꼭 상왕의 의견을 물었다.

"아바마마, 이제 우리나라도 대륙과 견주어 조금도 뒤지지 않는 나라이옵니다. 그래서 지금까지 대륙에서 쓰던 연호年號를 버리고 우리만의 독자적인 연호를 쓰고자 합니다."

연호
군주시대에, 군주가 나라를 다스리는 해의 차례를 나타내기 위해 붙이던 칭호. 원칙적으로 황제만 사용하고, 제후는 사용하지 못함.

광개토대왕 | 1. 광개토대왕 발자취

연호는 원호元號 또는 다년호라고도 하며, 연대를 계산하기 위해 사용하는 칭호이다. 고국양왕은 연호를 독자적으로 쓰겠다는 광개토대왕의 말에 깜짝 놀랐다.

"우리만의 연호를 쓰자니, 그게 대체 무슨 말이오?"

"자주국가임을 나라 안팎에 알려야 하겠습니다. 그래야 우리나라를 감히 넘보지 못할 것이 아니겠습니까?"

"주상의 뜻은 알겠소만, 그러다가 중원中原에서 트집을 잡으면 어떻게 하시려고요?"

"이제 맞서 싸워야지요."

광개토대왕의 뜻은 단호했다. 고국양왕은 어린 나이이지만 광개토대왕의 꿋꿋한 모습에 고구려의 밝은 앞날을 보는 듯하여 흐뭇했다.

"그러면 주상의 뜻대로 하시지요."

"알겠습니다."

광개토대왕은 상왕의 방에서 물러나와 신하들과 백성들에게 발표를 하였다.

"이제 우리나라만의 독자적인 연호를 사용하노라. '영원히 즐거운 나라'라는 뜻으로 연호를 '영락永樂'이라고 하노라. 이제 우리나라는 군사적으로 강하고, 경제적으로는 부자가 되어 백성들에게 살기 좋고 즐거운 나라가 될 것이니라."

광개토대왕이 연호의 사용을 발표하자, 중원의 간섭을 걱정하는 신하도 있었지만 대부분의 신하와 백성들은 자부심을 가지면서 기

원호
임금이 즉위한 해에 붙이던 칭호.

중원
오늘날 중국 허난성[河南省]을 중심으로 산둥성[山東省] 서부, 산시성[陝西省] 동부에 걸친 황허강[黃河江] 중하류 유역이 이에 해당한다. 주왕조[周王朝, BC 12~BC 3세기]의 세력 범위가 포함되며, 중원의 사슴이 주나라의 왕권을 상징하는 것으로 보고 그 쟁탈을 '중원에서 사슴을 쫓는다.'라고 하였다.

영락
고구려 광개토대왕 때 사용된 연호.

뻐하였다. 우리나라에서 처음으로 연호를 사용한 것이었다.

392년, 화창한 봄날이었다. 광개토대왕이 임금이 된 지 2년째 되는 해였다. 광개토대왕은 병환이 깊어진 상왕과 함께 궁궐의 뜰을 거닐고 있었다. 그때 그들이 서 있는 쪽으로 내관이 다가왔다.
"폐하, 신라新羅에서 사신이 왔습니다."
"무슨 일로 왔다고 하더냐?"
광개토대왕이 물었다.
"직접 폐하를 뵙고 아뢰겠다고 합니다."
광개토대왕은 무슨 일인지 궁금하여 서둘러 편전으로 갔다.
"소인 신라 임금의 동생인 이찬 대서지입니다."
"먼 길을 오느라 수고했소. 그래, 무슨 일이시오?"
"폐하께 조공朝貢을 바치려고 하옵니다."
조공이라는 말에 광개토대왕과 신하들은 웃음을 지었다.

신라의 속셈은 뻔했다. 사실 광개토대왕이 임금이 될 무렵, 대륙이 남북조시대의 혼란한 틈을 타서 백제는 밖으로 나라를 확장하는 정책을 펴나갔다. 중원의 동진과 협력관계를 맺고 요서지방과 산동지방, 그리고 일본의 규슈를 연결하는 상업 세력권을 형성하였다. 나아가 가야伽倻와 일본日本과의 긴밀한 협력관계를 이루어 신라를 고립시켜 나갔다. 백제와 협력을 하고 있던 일본과 신라와는 관계가 좋지 않았다.
광개토대왕은 신하들과 사신들을 물린 다음 고국양왕을 찾았다.

신라
BC 1세기에 영남지방에서 일어나, 고구려·백제와 더불어 한반도의 판도(版圖)를 가르고 7세기에 최초로 한반도를 통일한 왕조(BC 57~AD 935).

조공
속국(屬國)이 종주국에게 때 맞추어 예물을 바치는 일.

가야
신라 유리왕 19년에 낙동강 하류지역에서 12부족의 연맹체를 통합하여 김수로왕의 형제들이 세운 여섯 나라를 통틀어 이르는 말. 금관가야를 맹주로 하여 여섯 가야가 있었는데, 562년에 대가야를 마지막으로 신라에 병합되었다.

이 일을 어떻게 처리하면 좋을지 상왕의 의견을 듣고 싶었던 것이다.

"지금 백제의 기세가 하늘을 치솟는다지요? 백제의 힘을 이곳저곳으로 나누어 놓기 위해서도 신라와 긴밀하게 협력을 하는 것이 좋을 것이오."

고국양왕의 말에 광개토대왕도 뜻을 같이하고 있었다.

"아바마마의 뜻대로 하겠습니다. 그런데 신라의 배신을 막기 위해 임금의 가족을 한 명 우리나라에 보내 달라고 하는 것이 좋을 것 같은데 어떻게 생각하시는지요?"

"그것 참 좋은 생각이오."

다음날 광개토대왕은 신라 사신을 다시 만났다.

"신라와 협력하겠소. 대신 우리도 하나의 청이 있소."

"무슨 청이신지요?"

신라 사신은 잔뜩 긴장하는 눈치였다.

"당신들의 뜻이 확실하다면 우리나라에 임금의 가족 중 한 명을 보내 주시오."

광개토대왕의 말에 신라 사신은 얼굴이 파랗게 질렸다. 임금의 가족 중 한 명을 보내라는 말은 곧 볼모로 삼겠다는 뜻이었다. 신라 사신은 골똘히 생각하더니 입을 열었다.

볼모
조약(條約) 이행의 담보로 상대국에 붙잡아 둔 사람.

"알겠습니다. 약한 나라가 강한 나라와 친선을 맺기 위해서는 당연히 따르는 절차가 아니겠습니까? 폐하의 뜻에 따르겠습니다. 나아가 매년 조공을 바치겠나이다."

그리하여 광개토대왕은 백제와 동진, 그리고 가야와 일본과 연

결되는 외교 협력관계에 대항하여 신라와 연합을 맺게 되었다.

신라에서는 **내물왕**奈勿王의 조카이며 사신으로 왔던 이찬 대서지의 아들인 실성을 볼모로 고구려에 보냈다. 내물왕은 가슴이 아팠지만 나라의 힘이 약하니 고구려의 청을 들어줄 수밖에 없었다.

신라와의 협력관계로 한층 어깨가 가벼워진 광개토대왕은 한동안 들러보지 못한 돌고의 군사 훈련장을 찾았다.

"군사들의 훈련은 잘 되고 있소?"

"예, 폐하. 모든 것이 폐하의 뜻대로 움직이고 있사옵니다."

"오늘 내가 직접 군사들을 시험하여 상을 내릴까 하는데, 장군의 뜻은 어떻소?"

> **내물왕**
> 신라 제17대 왕(재위 356~402년). 성은 김씨(金氏), 미추왕의 조카이며 사위. 이 시대를 전후하여 중국의 문화가 들어와 비로소 한자(漢子)를 쓰기 시작한 듯하다.

"폐하께서 상을 내리신다면 군사들의 사기를 올리는 데 그보다 더 좋은 것은 없을 것입니다."

"그럼 군사들을 모으시오. 우선 활쏘기부터 합시다."

돌고는 군사들을 모으고 말했다.

"오늘 대회에서 좋은 성적을 거둔 사람에게는 폐하께서 큰 상을 내리실 것이다."

돌고의 말에 군사들은 모두 함성을 울렸다.

"자, 지금부터 활쏘기 대회를 시작합니다!"

각 팀에서 다섯 명씩 궁사弓師를 내보냈다. 활을 잘 쏘는 순서로 화살을 쏘는 사대射臺에 섰다.

궁사
활 쏘는 일을 직업으로 하는 사람. 또는 활을 잘 쏘는 사람.

사대
사방을 멀리 볼 수 있도록 흙이나 돌 등으로 높게 쌓아 활을 쏠 수 있게 한 시설물.

수띠
활터에서, 한 패를 몇 사람으로 나눈 각 무리 가운데에서 우두머리.

간
십진급수의 하나로 1간은 6자, 1간은 1.8m로 80간은 145m.

순
활을 쏘는 경기나 시험에서, 여러 사람이 각각 화살 5대를 돌아가며 쏘는 일.

　붉은 깃발을 든 기수가 대회가 시작됨을 알리자 각 편의 수띠가 먼저 사대에 올라섰다. 잠시 후 양편 수띠가 시위를 당겼다. 사대에서 과녁까지의 거리는 80간間, 붉은 과녁을 뚫을 듯이 바라보던 수띠 두 사람은 팽팽하게 당겼던 시위를 놓았다. 화살은 경쾌한 소리와 함께 허공을 날아 과녁을 꿰뚫었다.
　"일시一矢에 명중이요오!"
　과녁을 지키고 있던 군사가 큰 소리로 외쳤다.
　한번 사대에 오른 궁사는 3순巡을 쏘았다.
　바람이 꽤 많이 부는 날씨였다.
　"바람 때문인지 성적이 예전만 못하옵니다."
　돌고가 광개토대왕을 볼 면목이 없다는 듯이 허리를 숙이며 말했다.
　"전쟁이란 날씨를 불문하고 일어나는 것이오. 그러니 군사들이 날씨에 관계없이 활을 잘 쏠 수 있도록 훈련을 쌓아야 할 것이오."
　"명심, 또 명심하겠습니다."
　이때 멀리서 말 한 필이 먼지를 날리며 급히 달려왔다. 병사는 얼마나 급하게 왔던지 임금님 앞에 이르러서도 가쁜 숨을 고르느라 헉헉거렸다.
　"폐, 폐하! 크, 큰일 났습니다."
　"무슨 일이냐?"
　"상왕마마께서 위독하십니다."
　"무엇이라고? 상왕께서!"

광개토대왕은 대회를 훗날로 미루고 다급하게 말 위로 올랐다. 너무 정신없이 서둘러 왔기 때문에 어떻게 왔는지도 모를 정도였다. 고국양왕은 광개토대왕을 보자 입가에 미소를 지었다.

"어서 오시오, 주상主上. 할아버지의 원수를 꼭 갚아 주시오. 그리고 고구려를 세상의 중심국가로 발전시켜 주시오."

주상
임금.

"아바마마, 어서 일어나셔서 백제와 후연에 쌓인 원수를 갚는 것을 보셔야지요."

그제야 고국양왕은 만족스러운 표정을 지었다. 고국양왕은 들릴 듯 말 듯 가늘어진 목소리로 겨우겨우 말을 이었다.

"짐이 지하에서라도 주상을 돕겠소……."

고국양왕은 백제와 후연에 대한 원수의 한을 풀지 못한 것이 아쉬웠는지 눈을 감지 못하고 세상을 떠났다. 광개토대왕은 고국양왕의 눈을 손으로 쓸어내리며 결심을 하였다.

'아바마마의 못다 이룬 꿈을 소자가 꼭 이루겠습니다.'

392년 5월, 효심이 지극한 광개토대왕은 아버지를 잃은 슬픔을 쉽게 지울 수가 없었다. 며칠 동안 음식을 거의 입에 대지 못했다. 신하들이 아무리 음식을 권하여도 소용없었다.

이를 걱정한 왕비가 안타까워하며 말했다.

"폐하, 선왕을 잃고 슬퍼하는 것은 자식된 도리로 당연한 일이긴 하오나, 폐하께서는 한 나라를 이끌어가야 할 막중한 옥체玉體이시옵니다. 만약 병환이라도 얻으시면 누가 백성들을 돌보겠습니까? 옥체를 보존하셔야지요."

옥체
임금님의 몸.

왕비의 말에 광개토대왕은 정신이 들었다. 나랏일을 등한시할 수는 없는 일이었다.

"폐하, 지금이 폐하의 힘을 강화할 수 있는 좋은 기회입니다."

광개토대왕은 왕비의 말에 눈을 동그랗게 떴다.

"그것이 무슨 말이오?"

"폐하께서 지금 신라와 동맹을 맺으면서 나라 안팎으로 힘을 쏟고 있습니다. 이때 각 부족장들이 거느린 사병을 이용하면 관군과 함께 그 힘이 배가될 것이옵니다."

고구려는 5개의 큰 부족으로 이루어진 나라이므로 각 부족의 우두머리인 대가들은 각기 군사들을 이끌고 있었다. 즉 사병私兵을 두고 있었던 것이다. 사병은 곧 대가들의 힘을 상징하는 것이며 재산이었다. 왕비의 말에 광개토대왕은 고개를 끄덕였다.

다음날 광개토대왕은 제가회의를 소집하여 말했다.

"오늘 이후로 개인적으로 군사를 가질 수 없다는 것을 밝히오!"

광개토대왕은 신하들의 수군거림에 아랑곳하지 않고 계속해서 말했다.

"사병은 부족 간의 싸움에 대비해서 개인적으로 군사를 거느렸기에 생겨난 것이오. 군사를 거느려야 힘을 쓸 수가 있었기 때문이지요. 그래서 생긴 사병이 지금까지 계속 유지된 것이지요. 하지만 지금 고구려는 개인이 사병을 가질 필요가 없지 않소?"

대가들을 제외한 다른 신하들은 광개토대왕의 말에 고개를 끄덕였다.

사병
권세를 가진 개인이 사사로이 길러서 부리는 병사.

"사병을 더 좋은 방향으로 활용하려고 하오. 그들의 일부는 짐을 호위하는 왕당군으로 만들었다가 외적이 쳐들어왔을 때에는 방어군으로 활용할 수 있도록 관군으로 편입을 시키겠소."

광개토대왕의 단호한 말에 신하들은 아무 말도 하지 못했다.

"앞으로 군사를 지휘하는 장군을 사마司馬라고 부르고, 사마를 도와 군사작전이 잘 이루어지도록 하는 사람을 참군參軍이라 부르도록 하시오."

"분부대로 거행하겠사옵니다."

"더불어 짐이 모든 것을 다 알지는 못하오. 그래서 짐이 부족하거나 모르는 것이 있을 때 짐을 도와 자문諮問을 해줄 사람이 필요하오."

그러자 대대로가 말했다.

"그러면 임금의 스승이라고 하여 왕사王師라고 하면 어떻겠습니까?"

"왕사라? 그것 좋은 생각이오."

신하들을 내보낸 광개토대왕은 왕비를 찾았다. 결혼 후 나라의 곳곳을 다니며 인재를 찾고, 군사들을 훈련시키느라고 바빠서 왕비와 함께 시간을 가진 적이 별로 없었다. 그래서 늘 왕비에게 미안하였다.

"신첩을 다 찾아주시고……. 무슨 좋은 일이라도 있으신지요?"

"아니오. 그저 중전이 보고 싶었을 뿐이오. 그리고 언제나 짐을 도와줄 수 있는 사람이 바로 중전이 아니오?"

자문
남에게 의견을 물음. 수행해야 할 일의 내용이나 방법 기타 문제에 대해 물음에 답해주는 것.

왕사
임금의 스승.

왕비는 엷은 미소를 지으며 고개를 숙였다.
"중전이 생각할 때 지금 우리나라에서 우선적으로 해야 할 일이 있다면 무엇이라 생각하오?"
왕비는 광개토대왕의 말에 한동안 생각에 잠겼다.
"올바른 역사歷史가 후손들에게는 좋은 선생이 될 수가 있사옵니다. 중국에서는 ≪춘추春秋≫라는 역사책을 쓰기 시작한 이래로 한나라 때 사마천司馬遷이 ≪사기史記≫를 지은 것은 후세에 교훈으로 삼고자 함이었습니다."

"중전의 말이 맞소. 지금 짐이 하는 일을 누군가 기록한다면 후손들에게 커다란 교훈이 될 것이오."

"우선 오늘 이후부터라도 임금의 주변과 나라 안팎에서 일어나는 일을 기록하는 관리가 있어야 하옵니다."

"그래요. 우선 중전의 말대로 나라의 중요한 일을 기록하는 관리부터 임명하도록 합시다."

"관직 이름은 무엇으로 하는 것이 좋겠소?"

"한 나라의 역사는 매우 중요하고 훌륭한 것이 아니겠습니까?

춘추
중국의 사서로 5경(五經)의 하나. 춘추시대의 노(魯)나라의 연대기로, 공자가 편집한 것이라 전해짐.

사마천
중국 전한(前漢)의 역사가(BC 145~BC 86). 기원전 104년에 공손경(公孫卿)과 함께 태초력(太初曆)을 제정하여 후세 역법의 기초를 세웠으며, 역사책 《사기》를 완성하였다.

그러므로 장한 역사를 기록하는 사람이라 하여 '장사'라고 하면 어떻겠습니까?"

"중전은 참 현명하시오. 중전의 뜻대로 하겠소."

광개토대왕은 편전으로 나와 내관을 불렀다.

"장사라는 관직을 새로 만들어야겠다. 이 관리로 하여금 나라의 중요한 일들을 기록하게 하여라."

"분부대로 거행하겠사옵니다."

이리하여 고구려에서 역사를 기록하였다. 이전에도 ≪유기留記≫라는 역사책을 써서 후세 사람들에게 교훈을 남기기도 했지만 이 때부터가 본격적인 역사의 기록이라고 할 수 있겠다. 이때 역사책을 쓴 것은 후세에 교훈을 남기기 위한 목적과 함께 나라가 한창 발전하고 있다는 사실을 나라 안팎에 널리 알리기 위한 목적도 있었던 것이다.

고구려뿐만 아니라 백제와 신라도 나라가 한창 발전하던 전성기에 정사正史를 기록한 역사책을 만들었다. 백제는 근초고왕近肖古王 때 고흥高興으로 하여금 ≪서기書記≫를 편찬하게 하였고, 신라는 법흥왕法興王 때 거칠부居柒夫로 하여금 ≪국사國史≫를 편찬하게 하였다.

광개토대왕은 고구려가 발전하기 위해서는 청소년의 교육이 중요하다고 생각하였다.

"돌고 장군, 오늘은 태학太學엘 한번 가봅시다."

"태학엘요? 너무 무리하시는 것은 아니온지요?"

유기
고구려의 역사책. 고구려가 한자를 사용한 이후에 남긴 역사 기록으로, 영양왕 11년(600)에 이문진이 이를 요약하여 《신집新集》 다섯 권을 만들었다는 내용이 《삼국사기》에 담겨 있을뿐, 오늘날은 전하지 않는다.

정사
지난 왕조시대에, 나라에서 공식적으로 인정한 역사 기록. 원칙적으로는 이전의 왕조의 역사를 사관이 기록한 것을 가리킴.

고흥
백제 근초고왕 때의 학자로 백제 최초의 박사가 되어 《서기書記》를 편찬하였다. 관상술·음양오행설(陰陽五行說)에도 능하였다고 한다.

법흥왕
신라의 제23대 왕(재위 514~540년). 성은 김(金). 이름 원종(原宗). 지증왕의 아들. 처음으로 불법을 공인하였으며, 상대등 벼슬을 새로 두어 국사(國事)를 정리하게 하였다.

거칠부
신라의 장군 상대등(?~579년). 성은 김(金). 진흥왕 6년(545)에 《국사國史》를 편찬하였고, 진흥왕 12년(551)에 백제와 연합하여 고구려 영토 10군을 점령하였다.

"무리라니요? 하루빨리 고구려를 중심국가로 만들어야 하지 않겠소?"

돌고는 중심국가라는 말에 깜짝 놀랐다.

"중심국가라니요? 혹시 중원에서 들으면……."

"돌고 장군, 너무 걱정하지 마시오. 우리나라라고 언제나 중원의 변두리에 머물러 있을 수만은 없지 않소? 중원도 우리의 지배하에 두자는 것이 짐의 뜻이오."

돌고는 광개토대왕의 큰 뜻이 이루어지기를 바라면서도 한편으로는 과연 그것이 이루어질 수 있을까 의아해하였다. 또한 광개토대왕의 이러한 마음을 혹시 중원에서 알면 어떻게 하나 걱정스럽기도 하였다.

태학은 고구려의 청소년들에게 학문을 가르치는 곳으로, 주로 유교 경전인 사서와 삼경, 그리고 무예를 가르치는 대학과 같은 곳이었다. 광개토대왕은 태학교육에 많은 관심을 가지고 있었다. 갑작스러운 광개토대왕의 방문에 태학의 박사들은 당황한 듯하였다.

"폐하, 어서 오시옵소서!"

"그래, 학생들은 공부를 열심히 하고 있소?"

"그러하옵니다."

"학생들을 모두 모이게 하시오."

"알겠습니다."

광개토대왕의 명령에 따라 학생들이 모두 한자리에 모였다.

"우리나라가 해결해야 할 가장 시급한 문제가 무엇이라고 생각하는고?"

학생들은 갑작스런 광개토대왕의 물음에 서로 얼굴을 쳐다보았다. 그러다가 한 학생이 일어섰다.

"폐하, 군사를 더욱 많이 키워 중원의 침략에 대비해야 할 것이옵니다."

"중원의 침략에 대비한다? 어떻게 말이냐?"

학생은 한참을 생각하다가 말했다.

"중원에서 공격을 해오기 전에 우리가 먼저 중원을 공격하는 것입니다."

광개토대왕은 학생의 말에 고개를 끄덕였다. 또 다른 학생이 일어섰다.

"폐하, 수군水軍을 많이 늘려야 합니다."

"수군을 늘려야 한다? 그 이유는 무엇이더냐?"

"지금 중원은 여러 나라로 나누어져 있습니다. 우리나라는 이웃하고 있는 나라와 언제든지 싸우게끔 되어 있습니다."

임금 앞이라 긴장했는지 이마에 땀이 송글송글 맺혔다. 이마에 흐르는 땀을 손으로 닦아낸 뒤 말을 이었다.

"우리나라가 중원을 공격할 때 중원의 힘을 잘 이용해야 하옵니다. 그러기 위해서는 장강(長江, 양쯔 강) 이남 지역의 나라와 친하게 지내야 하옵니다. 우리와 이웃한 중원의 국가를 남쪽과 북쪽에서 함께 공격을 한다면 더욱 효과적일 것입니다. 이때 장강 이남의 나라와 긴밀한 관계를 맺기 위해서는 배가 필요합니다. 그리고 그 배

수군
물 위를 방위하던 군대로 오늘날의 해군과 같은 것

를 지키기 위해서 수군을 늘려야 하옵니다."

광개토대왕은 물론, 돌고와 태학의 박사들도 학생의 자세한 설명에 감탄하였다.

"맞는 말이로다. 이러한 학생이 있으니 우리나라는 장차 중심국가로 발전할 수 있을 것이야. 여러분들은 우리 고구려를 이끌어나갈 재목들이라네. 그러므로 열심히 학문과 무예를 닦아 지금 말한 대로 우리가 먼저 중원을 공격하도록 하세."

"열심히 하겠나이다."

"그리고 이곳 태학에서 우수한 성적을 거둔 학생은 특별히 관리로 뽑을 것이니라."

"와아!"

학생들이 환호성을 지르자 태학의 선생인 박사들이 당황하며 학생들에게 눈짓을 하였다. 그러자 광개토대왕이 손을 들어 말렸다.

"이것이 젊음이요. 젊음과 열정으로 더욱 학문과 무예를 닦는 데 힘쓴다면 고구려의 앞날은 매우 밝을 것이오."

태학을 다녀온 광개토대왕은 흐뭇하였다.

'중원을 우리가 먼저 공격한다? 그러기 위해서는 장강 이남과 긴밀한 외교관계를 맺어야 한다? 나아가 많은 수군을 기르자……. 바로 그것이야.'

광개토대왕은 돌고와 함께 중원을 먼저 공격할 준비를 하나씩 해나가기로 하였다.

| 재미있는 고구려 이야기 | 05

고구려의 인구는 얼마였을까요?

인구는 인간 집단의 계수로서 정치적·경제적으로 구획된 일정한 지역 안에 사는 사람을 합친 숫자를 말합니다. 따라서 인구는 국민, 인종, 민족 등과는 그 개념이 다릅니다. 그 지역에 사는 외국인이나 이민족도 포함하며, 반대로 그 나라 국민이라고 해도 그 지역에 살지 않으면 포함되지 않습니다.

역사적으로 볼 때, 인구나 집을 조사하는 목적은 세금을 걷는다든지, 나라에 큰 공사를 할 때 필요한 사람을 모으기 위해, 또 군사를 뽑기 위한 기초 자료로 삼기 위해서입니다.

기록에 나타난 바를 토대로 고구려의 인구를 알아볼까요?

고대국가의 경우, 《삼국유사三國遺事》 권1 〈칠십이국조〉에 《후한서後漢書》에서 인용한 내용이 나옵니다. '사한이 조선 땅에 처음으로 4군을 두었다가 법이 번거로워 78국으로 나누었는데 집이 각 만 호씩이었다. 그 가운데 서쪽의 마한이 54읍, 동쪽의 진한이 12읍 그리고 남쪽의 변한이 12읍으로, 각기 나라라고 불렀다.'

또한 〈고구려조〉에는 '고구려는 전성기에 21만 5백 호'라고 되어 있고, 중국 후진의 유구가 쓰기 시작하여 940년에 장소원이 완성한 《구당서舊唐書》에는 '고구려 멸망 때(668년) 백성들이 사는 집의 수가 총계 69만 7천 호였다.'고 되어 있습니다. 뿐만 아니라 백제와 신라도 나와 있습니다. '백제의 전성기에 15만 2천3백 호'이며, '백제가 멸망할 당시에 약 76만 호였다.'는 기록이 있습니다. 또한 '신라 전성기에 서울의 가구 수는 17만 8,936호'라고 나와 있습니다.

　이밖에도 ≪삼국유사≫의 〈가락국기駕洛國記〉에 삼국시대 인구 분석의 실마리가 될 수 있는 중요한 기록이 나옵니다.

　'가락국은 호구 수가 약 9,100호이며, 인구가 7만 5천이다.'

　이를 기초로 당시 가락국의 한 가구당 평균 인구를 계산해 보면 한 가구에 약 8.2명이 됩니다. 이렇게 한 가구당 평균 인구를 8.2명으로 추정하면 마한 54읍이 54만 호이므로 인구는 약 443만 명이고, 진한과 변한이 각기 12읍으로 각각 12만 호에 인구 98만 명씩입니다. 따라서 서기 초 삼한에는 모두 78읍 78만 호에 약 640만 명이 살았다고 추측할 수 있습니다.

　그 뒤에 마한이 백제로 발전했고, 백제가 멸망할 당시의 호구 수가 약 76만 호이므로 이때 인구는 623만 명이 되는 것입니다.

　고구려의 인구도 76만 호였으므로, 위와 같은 방법으로 인구 수를 추산하면 약 623만 명이 됩니다. 통일신라시대의 인구는 대략 675만 명 정도이며, 그 중에서 경주에 17만 8,936호가 살았으므로 146만 7천 명이 수도에 살았던 것으로 볼 수 있습니다. 현재 서울에 살고 있는 사람이 전체 인구의 약 25퍼센트이고, 당시에도 21.7퍼센트가 서울에 살았으니 예나 지금이나 인구가 수도로 몰리는 현상은 비슷했던 것 같습니다.

6. 백제를 쳐라

광개토대왕은 돌고를 불러 그림을 보여 주었다.

"짐이 생각한 갑옷 그림이오. 쇠를 얇은 철판으로 만든 다음 나뭇잎 모양으로 얇게 잘라 쇠줄로 단단하게 겹쳐서 꿰매면 적의 화살이 뚫지 못할 것 아니오?"

광개토대왕의 설명에 돌고는 감탄하였다. 나랏일을 보시느라고 바쁠 텐데 갑옷까지 연구하는 광개토대왕이 존경스러웠다.

"폐하, 이런 갑옷이라면 어떤 화살이라도 막아낼 수가 있을 것이옵니다."

"만들 수 있겠소?"

"폐하, 지금 백성들의 사기는 하늘을 찌를 듯합니다. 폐하의 작품이라고 하면 만들겠다는 사람이 넘쳐날 것이옵니다."

광개토대왕은 얼굴에 웃음을 지었다.

"그리고……."

"또 무슨 하실 말씀이라도 있으신지요?"

"마구 말이오?"

"말에 쓰는 안장鞍裝 같은 것 말씀이신가요?"

"그래요, 발을 고정하는 등자鐙子도 있지 않소. 그런데 우리가 지금 쓰는 것에 앞쪽을 가리는 것이오. 앞쪽에 뾰족한 못 같은 것을 박아 가까이 오는 적군을 발로 공격하면 어떻소?"

돌고는 광개토대왕의 생각에 절로 고개가 숙여졌다.

"가히 고구려군을 상대할 적군은 없을 듯합니다."

궁궐에서 물러나온 돌고는 광개토대왕의 설명대로 갑옷과 등자를 만들었다. 나아가 적군의 화살로부터 말을 보호하기 위하여 눈과 코만 남기고 얇은 쇠로 말의 머리를 감쌌다.

광개토대왕은 자신의 생각대로 만든 갑옷을 입은 군사들을 살펴보았다. 버드나무 잎 모양으로 쇠를 가늘게 오려 겹겹이 꿰매 놓아서 겉으로 보기에도 화살이 들어갈 것 같지 않았다. 머리에는 투구를 써서 화살에 꿈쩍도 하지 않을 것처럼 보였다.

광개토대왕이 감탄한 것은 말이었다. 눈과 코만 내놓고 얼굴 전체를 얇은 쇠로 가려 놓으니 적수가 없을 것 같았다. 이 말에 갑옷과 투구로 무장한 병사를 보니, 어떤 강적이 나타나더라도 쉽게 물리칠 수 있을 것 같았다. 고구려가 자랑하는 철갑기마병인 개마무사鎧馬武士가 갖추어진 것이다.

그런데 광개토대왕이 처음 보는 물건이 있었다. 수레 모양으로

안장
사람이 올라앉을 수 있도록 말의 등에 얹는 제구.

등자
말을 타고 앉아 두 발로 디디게 되어 있는 물건으로 안장에 달아 말의 양쪽 옆구리로 늘어뜨림.

개마무사
'개마'란 말에게도 옷을 입혔다는 뜻으로 철갑옷을 입은 말에 철갑옷을 입은 군사를 뜻함.

만들어져 굵은 통나무를 위에 얹은 물건이었다.

"이것은 무엇에 쓰는 물건이오?"

"물건을 운반할 때 쓰는 수레를 응용한 것입니다."

"수레를 응용했다고?"

"그러하옵니다. 적이 성 안에서 우리와 상대할 때 성문을 공격하기 위한 기구입니다."

"성문을 공격한다? 저 굵은 통나무를 어떻게 운반한단 말이오?"

광개토대왕의 물음에 돌고는 군사들을 불렀다. 이미 시범을 보이기 위한 큰 문이 만들어져 있었다. 군사들은 통나무를 얹은 수레를 문을 향하여 힘껏 밀었다.

"쾅! 쾅! 쾅!"

성문을 몇 번 부딪치자 성문은 '우지끈' 소리를 내며 부서졌다. 그 광경을 본 광개토대왕과 군사들은 일제히 함성을 질렀다.

"와아!"

군사들의 함성이 잦아들자, 광개토대왕은 돌고의 어깨를 두드렸다.

"돌고 장군, 수고했소. 이런 정도의 무기라면 어떤 적군이라도 물리칠 수가 있겠소. 성 안에서 수비에만 전력하는 적이라도 우리 상대가 되지는 못하겠소."

광개토대왕은 흡족한 표정으로 명령했다.

"오늘은 기쁜 날이다. 어서 고기와 술을 병사들에게 내리도록 하라! 마음 놓고 실컷 들게 하라!"

"대왕마마, 만세!"

궁궐로 돌아온 광개토대왕은 깊은 생각에 빠졌다.

'북쪽을 공격하자니 호시탐탐虎視眈眈 노리는 백제가 걱정이야. 그럼 먼저 백제를 쳐서 남쪽을 안정시킨 후에 북쪽을 공격하는 것이 좋지 않을까?'

깊은 생각에 빠진 때문인지 쉬이 잠이 오지 않았다. 이런저런 생각에 골몰하다가 새벽녘이 되어서야 스르르 잠이 들었다.

광개토대왕은 앞만 보고 뛰었다.

"아이쿠!"

광개토대왕이 돌부리에 걸려 그만 넘어지고 말았다. 전동箭筒에 있던 화살은 사방으로 흩어지고 무릎이 아파왔다.

전동
화살을 담아두는 통.

"담덕아, 무슨 급한 일이 있다고 뛰어다니느냐?"

"아바마마, 저쪽에 사슴이 나타났다고 해서요."

"마음만 앞서서 되겠느냐? 몸도 함께 가야지."

"저도 그러고 싶은데요. 그것이 마음대로 되지를 않습니다."

"네가 너무 멀리만 보고 가기 때문이야. 좀 가까운 곳을 쳐다보거라."

"너무 멀리 보지 말라고요?"

고국양왕은 광개토대왕의 대답을 듣고는 구름 속으로 사라졌다.

"아바마마……!"

광개토대왕은 고국양왕을 부르다가 잠에서 깨어났다.

"가까운 곳을 보라고……."

광개토대왕은 고개를 갸웃거리다가 무릎을 쳤다.

"바로 그거야!"

광개토대왕은 대대로에게 명령했다.

"백제를 공격할 것이오. 군사들에게 출전할 준비를 갖추라 이르시오."

드디어 광개토대왕은 첫 전쟁에 나서게 되었다. 392년(영락 2년) 7월, 광개토대왕은 친히 4만의 군사를 이끌고 석현성을 쳐들어갔다. 석현성은 고구려와 백제의 국경지대에 위치한 성으로 백제가 북쪽을 지키는 아주 중요한 성이었다. 석현성에서도 광개토대왕이 군사를 이끌고 온다는 전갈을 받고 성주를 중심으로 단단히 준비를 하고 있었다.

광개토대왕이 쳐들어왔다는 소식은 백제의 진사왕辰斯王에게 전해졌다.

"폐하, 고구려의 담덕이 이끄는 군사가 우리나라를 침범하여 아리수 부근의 우리 성 10여 군데를 점령했다고 합니다."

보고를 받은 진사왕의 얼굴이 일그러졌다.

"뭣이라고, 담덕이 쳐들어왔다고?"

진사왕은 깊은 생각에 잠겼다. 지난번에 동진의 스님인 마라난타摩羅難陀가 백제에 와서 전한 말이 생각났던 것이다.

"폐하, 연나라의 왕인 모용수는 첫손에 꼽을 수 있는 명장입니다. 진나라 황제 부견도 모용수의 꾀에 빠져 나라가 망했습니다. 그렇기 때문에 고구려는 행여 모용수가 침략해 오지나 않을까 항

> **석현성**
> 오늘날의 재령.

> **아리수**
> 오늘날의 한강(漢江)의 옛 이름.

> **마라난타**
> 인도의 중. 384년(백제 침류왕 1년) 진(晉)을 거쳐 백제에 와서 불교를 전하였는데 이것이 백제 불교의 시작이 되었다.

상 걱정이라고 합니다."

진사왕은 곧 명령을 내렸다.

"고구려 군사가 쳐들어오거든 절대로 나가서 싸우지 말라고 하라. 성문을 굳게 닫고 쳐들어오는 고구려 군사를 맞아 성 안에서만 싸우라고 하라."

진사왕의 명령에 조카인 아신阿莘이 반대했다. 아신은 진사왕의 형이며 백제의 15대 임금인 **침류왕**枕流王 의 아들이었다. 원래 아신이 임금이 되어야 했으나 나이가 어려 삼촌인 진사가 임금이 되었던 것이다.

"폐하, 나가 싸우지 말라고 하셨습니까? 아무리 담덕이라고 하더라도 우리가 나가 싸워야 돌아갈 것이 아니옵니까?"

"아신, 병사가 만 명이 나가 싸우려면 돈이 얼마나 필요한지 아느냐? 지금 우리나라는 돈도 부족하고 군사들도 부족하다. 아리수 부근의 성을 몇 개 정도 빼앗긴다고 대수겠느냐? 더구나 고구려는 북쪽에 모용수 왕이 버티고 있다. 언제나 모용수 왕이 고구려의 북쪽을 호시탐탐 노리고 있어. 그러니 걱정하지 않아도 된다. 시간이 되면 담덕은 물러날 것이니!"

아신은 분통을 터뜨렸다. 하지만 진사왕의 생각은 변함이 없었다. 진사왕의 명령을 받은 석현성의 성주는 성문을 굳게 닫았다.

광개토대왕은 석현성에 도착하자 곧 명령을 내렸다.

"성을 공격하라! 적을 한 명도 살려 두어서는 안 된다."

그러자 공격을 알리는 북이 울렸다.

아신
백제 17대왕 침류왕의 원자 고구려의 남하정책에 대항해서 패수(浿水), 관미성, 수곡성에서 싸웠으나 모두 패함. 왕6년(397)에 왜국과 화친하여 태자 전지(腆支)를 인질로 보냈음. (재위:392~405)

침류왕
백제 제15대 왕(재위 384~385년). 백제에 불교의 전래를 시도한 왕이다.

"둥! 둥! 둥!"
 북소리가 울리자 고구려 병사들은 성벽을 향해 달려갔다.
 백제 군사들은 고구려 군사들이 성벽으로 다가오자 활로 공격하였다. 백제 군사들의 화살 공격이 있자 고구려 군사들은 납작 엎드려 미리 준비한 나무 방패로 화살을 막았다.
 "저들이 가진 것이 무엇이냐?"
 석현성 성주가 말했다. 부하 장수들과 군사들은 모두 고구려 군사들이 가지고 있는 것을 살펴보았다.
 "나무 방패를 가진 듯합니다."

"그러면 불화살로 공격하라!"
 백제 성주의 명령이 떨어졌다. 불화살이 쏟아지자 고구려 군사들은 후퇴를 한 뒤 공격이 잦아들면 다시 성벽으로 접근하였다.

백제 군사들이 고구려 군사들과 치열하게 밀고 밀리는 싸움을 벌이고 있을 때, 광개토대왕은 돌고를 불렀다.

"돌고 장군, 저들이 이쪽에 신경을 쓸 때 돌격대로 하여금 성벽을 타고 성 안으로 들어가 불을 놓도록 하시오."

"분부대로 거행하겠사옵니다."

돌고가 키운 병사들은 빠르고 무술 실력 또한 뛰어났다. 돌고의 명령을 받은 군사들은 백제 군사들이 정신없을 때 밧줄을 이용하여 남쪽 성벽을 타고 올라가 성 안으로 들어갔다.

"고구려군이다!"

성 안에 있던 백제 군사들이 소리치자 성 안 백성들은 도망치기에 바빠 큰 혼란에 빠졌다. 그 틈을 이용하여 돌고가 이끄는 고구려 군사들은 재빨리 성문을 열었다.

"성문이 열렸다. 어서 석현성으로 돌격하라!"

광개토대왕의 명령에 따라 고구려 군사들은 백제 군사들을 보이는 대로 사로잡거나 칼로 베었다. 이제 석현성에 고구려 군사를 저지하는 백제 군사들은 없었다.

석현성을 차지한 광개토대왕은 청목령을 지나 아리수 하류에 위치한 백제성 10여 개를 빼앗았다.

| **청목령** |
| 오늘날의 개성. |

"이만하면 되었다. 돌아가자."

진사왕의 생각대로 광개토대왕이 이끄는 군사들은 물러났다.

그러나 광개토대왕은 첫 번째 백제 원정에서 귀중한 사실을 얻었다. 국내성으로 돌아온 광개토대왕은 돌고에게 말했다.

"백제가 산동반도와 요서지방을 지배하고 있소. 그곳으로 가려면 관미성을 지나야 하오. 더구나 관미성은 중원과의 무역로로서 무역의 중계 기지라고 할 수가 있소. 그래서 백제도 관미성을 중요하게 여기고 있소."

관미성
오늘날의 교동도.

"그러하옵니다. 더구나 관미성은 아리수로 들어가는 길목에 위치하고 있습니다."

"이곳을 우리가 점령하면 백제는 아리수로 들어가는 것도, 산동반도와 요서지방으로 가는 것도 힘들 것이 아니오. 이곳을 점령하면 아마도 아리수를 통해 위례성으로 들어가는 세곡稅穀의 운반도 어려울 것이오."

세곡
세금으로 거둔 곡식.

"지당하신 말씀이십니다."

"그런데 관미성을 점령하려면 많은 군사를 태울 배가 필요하지 않소?"

"그렇습니다."

"우리나라 배에는 보통 몇 명이나 탈 수 있소?"

"보통 20명에서 30명가량 탈 수 있사옵니다."

"20명에서 30명이라······."

"그럼 우리는 200명 정도 탈 수 있는 배를 만들어야겠소."

"200명이나 탈 수 있는 배를 만들라고요?"

돌고는 근심스러운 표정으로 광개토대왕을 쳐다보았다. 광개토대왕은 웃으며 말했다.

"전국을 돌면서 배 만드는 기술자를 구해 보시오. 그러면 반드시 큰 배를 만드는 기술자를 찾을 수 있을 것이오."

"분부대로 거행하겠사옵니다."

광개토대왕의 명령을 받은 돌고는 고구려 전국을 돌며 배 만드는 기술자를 모두 모이게 하였다.

"지금까지 우리가 만든 배는 작은 배이다. 이제 그 배의 10배가 되는 배를 만들어야 한다. 너희들은 힘써서 배를 만들도록 하라. 우선 자신이 만들 배의 모양을 그려 오도록 하라."

돌고의 명령을 받은 기술자들은 저마다 자신들의 뜻대로 배 그림을 그려 왔다. 돌고는 그 중에서도 가장 튼튼해 보이는 모습의 배 그림을 뽑았다. 그리고 설계도가 완성되자 곧바로 작업을 지시하였다.

돌고의 노력으로 일의 진척進陟은 생각보다 빨랐다. 드디어 완성된 큰 배를 시험하기 위해 바다로 모였다. 이윽고 지금까지 보아온 배보다 엄청나게 큰 배가 위풍당당威風堂堂하게 그 모습을 드러냈다. 새로운 모양의 배가 뜬다는 소문에 압록강 주변의 백성들도 구름 떼처럼 모여들었다.

"와, 저게 새로 만든 배란 말이지?"

"저렇게 큰 배가 뜰 수 있을까?"

"글쎄, 두고 보면 알겠지."

백성들과 군사들은 저마다 한마디씩 하며 기대에 젖어 눈을 빛내고 있었다.

마침내 광개토대왕이 술을 부으며 무사고 항해를 빌었다. 광개토대왕이 절을 하고 나자 드디어 큰 배가 바다를 향해 나아갔다.

진척
일이 진행되어가는 상태.

위풍당당
풍채가 위엄이 있어 상대방을 압도하고도 남을만하다.

백성들도 감격에 겨워 모두 함성을 질렀다. 배는 바다를 향해 힘차게 물 위를 미끄러져 나갔다. 광개토대왕은 돌고의 어깨를 두드리며 말했다.

"수고했소, 돌고 장군!"

"망극하옵니다."

두 사람은 큰일을 이루었다는 성취감에 가슴이 뿌듯하였다.

"앞으로 이러한 배는 많이 만들어야 할 것이오."

"분부대로 거행하겠사옵니다."

광개토대왕이 압록강을 나설 즈음 말 한 필이 급히 달려왔다.

"폐하, 거란족이 쳐들어왔답니다."

"뭐라? 거란족이라고? 어서 군사를 출전할 채비를 하여라."

광개토대왕의 명령이 떨어지자 군사들은 모두 출전出戰할 채비를 하였다.

출전
싸움터로 출발함.

이미 백제 군사를 물리쳐 사기가 높아진 고구려 군사들이기에 어떤 적이라도 능히 물리칠 각오가 되어 있었다.

광개토대왕은 직접 군사를 이끌고 출전하였다.

"적들은 먼 길을 오느라 많은 식량을 가져오지 못했을 것이오. 그러므로 우리 고구려군은 적들과 싸울 때 장기전長期戰으로 시간을 오래 끌어 그들을 지치게 해야 하오. 중원성을 최후의 보루堡壘로 싸우되, 중원성 부근의 백성들은 모두 성 안으로 오게 하시오. 백성들이 성 안으로 올 때에는 집안에 곡식을 남기지 말고 모두 불 살라 버리도록 하시오."

장기전
싸움을 오래 끄는 전략.

보루
적의 침입을 막기 위하여 돌이나 콘크리트 따위로 튼튼하게 쌓은 구축물. 보채(堡砦)라고도 한다.

청야전술
압도적인 전력의 적이 침략을 했을 경우에 적을 국경 지대에서 깊숙한 곳으로 끌어들이며 주변에 적의 군수 물자가 될 만한 것들을 없애면서 적을 지치고, 피곤하고, 굶주리게 한 다음에 한꺼번에 몰살시키는 전술을 말하는 것. 우리 조상들이 외세의 침략을 받을 때 주로 사용하던 전술이다.

광개토대왕이 부하 장수에게 알려준 거란족과의 싸움 방법은 바로 청야전술이었다.

"적들이 얼마나 왔는지 그 수는 알 수가 없다. 섣불리 우리가 먼저 공격을 했다가 오히려 역습을 당할 수도 있으니 군사들은 가볍게 움직이지 말라. 만일 짐의 명령을 어기는 자가 있으면 엄하게 처벌하리라."

"폐하의 뜻에 따르겠습니다."

광개토대왕은 백성들의 환송을 받으며 중원성으로 떠났다.

"지금부터 나의 명령을 어기는 사람은 그 누구라도 죽음을 면치 못하리라. 그리고 나를 따라 적을 유인할 사람은 좌측으로 따로 모이도록 하라."

중원성의 군사들은 서로 눈치를 살피며 선뜻 나서려고 하지 않았다. 그러자 부하 장수가 버럭 소리를 질렀다.

"겨우 이 정도의 졸장부들을 데리고 내가 전쟁에 나섰단 말이더냐? 너희들은 인자하신 폐하의 따뜻한 보살핌을 받아 왔다. 만약 폐하가 없으셨다면 너희들은 모용수에게 온갖 모욕과 고통을 받았을 것이다."

부하 장수의 말이 떨어지기가 무섭게 손을 번쩍 든 군사가 한 명 있었다.

"장군, 소인이 적을 유인하는 데 앞장서겠습니다."

그러자 이곳저곳에서 군사들이 나섰다.

"제가 가겠습니다!"

"저도 가겠습니다."

군사 100여 명이 지원을 하였다. 광개토대왕은 함께 온 부하 장수에게 중원성 군사들의 훈련을 부탁한 뒤 지원군과 함께 거란족이 머물고 있는 진지 부근으로 갔다. 광개토대왕은 거란족의 길목을 지키며, 그들이 지나가기를 기다렸다.

드디어 거란족이 기를 높이 세우고 나타났다.

"너희들은 싸우는 척하다가 도망하기를 반복하면 된다. 오로지 나의 명령에만 충실하면 되느니라."

군사들은 알았다는 듯이 일제히 손을 들었다. 적들이 알아차리지 못하도록 하기 위해 소리를 내지 않기로 약속했던 것이다.

거란족이 가까이 오자 고구려 군사들은 적들에게 욕을 하며 심기心氣를 건드렸다.

심기
마음으로 느끼는 기분.

"오랑캐놈들아! 여기까지 무엇 하러 왔느냐? 어서 집으로 가서 아기나 보거라."

"죽기 전에 어서 너희 나라로 돌아가거라."

거란족은 고구려 군사들이 떠드는 소리에 약이 올라 나팔을 불며 고구려 군사들 쪽으로 몰려왔다.

광개토대왕이 이끄는 고구려 군사들은 처음에는 활을 쏘고 싸우는 척하다가, 뒤도 돌아보지 않고 도망을 갔다. 거란족들은 도망가는 고구려 군사들을 쫓았다. 그러나 날이 어두워지자 쫓는 것을 그만둘 수밖에 없었다.

다음날 날이 밝자, 고구려 군사들은 다시 거란족 군사들을 건드려 약을 올렸다.

"아직도 안 갔느냐? 어서 집에 가서 젖을 먹고 커서 오거라."

"우리는 너희 같은 애송이들하고는 싸울 수가 없단다."

약이 바짝 오른 거란족들은 이번에는 놓칠 수 없다는 듯이 힘껏 말을 달려 쫓아왔다. 그러나 워낙 기마술騎馬術이 뛰어난 고구려 군사들이기에 따라잡을 수는 없었다. 이렇게 고구려 군사와 거란족 군사들은 쫓고 쫓기는 싸움을 계속하다가 어느덧 중원성에 이르렀다. 고구려 군사들은 중원성으로 들어가 꼼짝도 하지 않았다. 시간이 지나자, 거란족들은 가지고 온 식량이 떨어졌는지, 중원성 밖의 농가를 기웃거리는 모습을 보였다. 날씨마저 추워지자 거란족들은 더욱 사기가 꺾였다.

때가 되었다고 생각한 광개토대왕은 군사들에게 명령을 내렸다.

"거란족 오랑캐놈들을 한 놈도 살려 보내서는 안 되느니라. 모두 공격 앞으로!"

광개토대왕의 명령에 따라 고구려 군사들은 앞을 다투어 성문을 열고 나갔다. 광개토대왕은 거란족을 향하여 소리쳤다.

"이놈들아, 올 때는 너희 마음대로 왔지만 갈 때는 내 허락을 받고 가야 한다! 지옥문을 열어 놨으니 그곳으로 가거라!"

고구려 군사의 갑작스런 공격으로 거란족은 혼란에 빠졌다. 기마병들이 고구려 군사들을 막아 보려 하였지만 오랫동안 먹지를 못해 다리에 힘이 빠지고, 달려오는 고구려 군사들을 제대로 보지도 못하고 쓰러졌다. 거란족은 허둥지둥 자신들이 살고 있는 의무

> **기마술**
> 말을 타고 싸우는 기술.

려산으로 도망갔다.

  그러나 쉽게 포기할 광개토대왕이 아니었다. 또다시 군사들을 격려하며 거란족을 뒤쫓았다. 넓은 요동 벌판을 지나치자 거대한 산이 나타나 앞을 가로막았다. 거란족이 방패로 삼는 의무려산이었다. 50여 개에 달하는 기이한 봉우리와 험한 골짜기로 이루어진 산이었다. 어렵게 산을 넘자 다시 초원이 나타나고, 또다시 산을 넘는 일이 반복되었다.

  거란족들은 끈질긴 광개토대왕의 추격에 기진맥진氣盡脈盡하였다. 부산을 넘자 강이 나타났다. 시라무룬〔西拉剌木倫〕 강이었다. 고구려 군사들은 오래도록 달려온 말에게 물을 먹이려고 강 가까이로 갔다.

> **기진맥진**
> 기운과 의지력이 다하여 스스로 가누지 못할 상태가 됨.

  "그만들 두시오."

  강 건너편에서 할머니 한 분이 소리쳤다.

  그 소리를 듣고 얼른 광개토대왕의 옆에 있던 대모달이 말에서 내려 호수의 물을 맛보았다.

  "에퉤퉤, 왜 이리 물이 짠 거야!"

  그러자 할머니가 말했다.

  "이 강은 소금강이라오."

  광개토대왕은 할머니를 가까이 오게 하였다.

  "왜 마을이 텅 빈 것이오?"

  "한동네에 살던 사람들은 모두 도망을 갔고, 나는 몸이 아파 갈 수가 없어서 이곳에 혼자 남았소. 이제 살면 얼마나 더 살겠다고

고향을 버린단 말이오."

할머니는 체념한 듯이 말했다.

광개토대왕은 군사를 시켜 할머니를 거란족들이 머무는 곳까지 안전하게 모시라고 지시했다. 그리고 떠나는 할머니에게 말했다.

"가서 전하시게. 항복을 한다면 우리는 그대들을 우리 백성으로 맞이할 것이라고……."

　할머니는 고개를 끄덕이더니 고구려 군사들의 호위를 받으며 거란족이 도망간 곳을 향해 떠났다.
　한편, 거란족들은 끈질긴 광개토대왕의 공격에 지쳐 있었다. 그런데 죽음을 당했을 것으로 생각한 할머니가 살아 돌아온 모습을 보고는 모두들 놀라 한동안 아무 말도 하지 못했다.
　"아니, 할머니 어떻게 된 거예요?"

"고구려 국왕이 항복을 하면 우리를 살려준다고 약속했소."

할머니는 족장에게 말했다. 할머니의 말을 들은 족장은 부하 장수를 불렀다.

"어떻소? 할머니의 말을 믿을 수가 있겠소?"

"고구려 대왕은 믿어도 될 것입니다. 약속을 어기는 임금은 아니라는 말을 들은 적이 있습니다."

족장과 부하 장수들은 고개를 끄덕였다. 족장은 부하 장수들을 거느리고 광개토대왕이 머무는 진영陣營으로 갔다.

"앞으로 고구려국을 상국上國으로 모시겠습니다. 대신 고구려와 대륙과의 무역貿易을 중계할 수 있도록 해주십시오."

"그것쯤이야 양보할 수 있지. 거란족에게 무역을 할 수 있도록 하라."

이때 부하 장수 중 한 명이 광개토대왕 곁으로 왔다.

"폐하, 앞으로 거란족에게 조공으로 소금을 바치라고 하시지요."

광개토대왕은 손으로 무릎을 쳤다. 옥저가 있는 동해안에서 소금을 조공으로 바쳐왔지만 고구려는 늘 소금이 부족하였다.

"거란족은 앞으로 조공으로 소금을 바치도록 하라. 오면서 보니 소금이 생산되는 시라무룬 강이 있더구나."

"분부대로 거행하겠습니다."

광개토대왕은 북방민족 중의 하나인 거란족을 고구려로 끌어들임으로써 후연과 백제와의 전쟁에 치중할 수가 있었다.

거란족을 물리치고 돌아오는 광개토대왕은 거란족에게 잡혀갔

> **진영**
> 군대가 진을 치고 있는 곳, 서로 대립하는 세력의 어느 한쪽을 가리킴.
>
> **상국**
> 다른 나라로부터 조공(朝貢)을 받는 큰 나라.
>
> **무역**
> 나라 간에 물건을 사고파는 일.

던 고구려 사람 1만 명을 데리고 돌아왔다. 고구려로 돌아온 백성들은 기뻐 외쳤다.

"만세!"

거란족을 물리치고 돌아온 광개토대왕은 배를 만드는 곳으로 갔다. 돌고가 반갑게 광개토대왕을 맞이하였다.

"폐하, 어서 오십시오."

"배 만드는 일은 잘 되어 가고 있소.?"

"곧 수십 척을 완성할 예정입니다."

"그러면 곧 관미성을 공격할 준비를 해야겠군."

광개토대왕은 수십 척의 배가 완성되자 백제의 관미성을 공격하기로 하였다.

고구려 군사들이 쳐들어온다는 소식에 관미성 군사들은 긴장하였다. 하지만 관미성이 바다와 절벽으로 둘러싸인 곳이라 고구려 군사들이 쉽사리 쳐들어오기는 어려울 것으로 생각하였다.

광개토대왕은 부하 장수들을 불렀다.

"관미성을 공격하되 군사들을 성 가까이 접근시켰다가 후퇴했다가를 반복하라. 그래서 백제 군사들의 화살을 모두 다 쓰게 하라."

"예, 폐하."

"그리고 관미성에 곡식이나 물이 절대로 들어가지 못하도록 차단하라. 오래도록 우리가 관미성을 포위하면 백제 군사들은 저절로 항복할 것이니라."

"분부대로 거행하겠사옵니다."

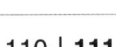

부하 장수들에게 명령을 내린 광개토대왕이 군사들을 향해 소리쳤다.

"고구려 병사들이여, 우리는 지난날 고국원왕을 잃는 슬픔을 겪었다. 이제 그 원한을 풀 때가 되었느니라. 모든 장수들은 죽기를 각오하고 있는 힘을 다해서 싸워라. 함부로 가볍게 행동하지 말고 산처럼 무겁게 행동하라. 군사들은 장수들의 명령에 따를지어다."

광개토대왕의 말에 고구려 군사들은 함성으로 대답했다.

"와! 와! 와!"

함성을 들으며 광개토대왕은 승리를 예감했다.

"죽기를 각오하되 침착하게 싸워라."

광개토대왕은 다시 한번 군사들을 둘러보며 당부했다. 광개토대왕의 명령을 받은 군사들은 원래 위치대로 돌아가 전투 대형으로 들어갔다.

척후선斥候船이 앞장서서 나아갔다. 그 뒤로 **선봉**先鋒, 선봉 다음은 **중위**中衛, 중위 다음은 **기함**旗艦, 기함의 양쪽으로는 **좌위**左衛와 **우위**右衛, 그 뒤를 간후가 따랐다. 이렇게 준비를 마친 고구려 수군의 함대는 곧장 관미성을 향해서 진격을 시작했다.

얼마 후 백제 군선이 보였다. 질서정연하고 당당하게 다가오는 고구려의 함대를 보자, 백제군들은 급하게 노를 저어 슬금슬금 해안 쪽으로 피했다. 그런 다음 백제 군선은 해안을 몇 바퀴 돌더니 서너 척이 서서히 바다 가운데로 나왔다.

"진격하라! 진격하라!"

척후선
적의 형편·지형 등을 정찰하고 탐색하는 배.

선봉
맨 앞장.

중위
중간 정도의 위치나 지위.

기함
함대의 군함 중 사령관이 타고 있는 배.

좌위
왼쪽에 위치하여 공격과 방어를 담당함.

우위
오른쪽에 위치하여 공격과 방어를 담당함.

광개토대왕은 북을 울렸다. 북소리가 들리자 고구려 수군은 백제군을 향해 기세 좋게 나아갔다. 고구려 수군들의 배를 본 백제군들은 기세가 눌려 관미성으로 돌아갔다. 백제군의 배는 20명 내지 30명 정도 타는 작은 배인데, 고구려 군사들이 타고 있는 배는 열 배나 커 보였기 때문이었다. 관미성에서 수군의 모습을 지켜본 백제 군사들의 사기도 땅에 떨어졌다.

백제 군사들이 좀처럼 싸울 태세를 보이지 않자 광개토대왕은 다시 부하 장수들을 모았다.

"지난번 석현성에서 싸우던 방식대로 해야겠소. 나무 방패를 앞세워 배를 최대한 관미성에 가까이 붙이시오."

"예, 폐하!"

부하 장수들은 각기 배를 이끌고 관미성으로 가까이 다가갔다.

고구려 배가 성으로 가까이 다가오자, 백제 군사들은 배를 향하여 화살을 빗발치듯이 쏘아댔다. 고구려 군사들은 납작 엎드려 나무 방패로 화살을 막으면서 후퇴를 하였다. 후퇴한 고구려 군사들은 나무 방패에 꽂힌 화살을 뽑아 다시 사용할 수 있게끔 손질하였다. 고구려로서는 백제 군사들의 화살을 소비시키고 또 화살을 새로 얻는 일석이조─石二鳥의 효과를 거두었다.

다시 광개토대왕이 부하 장수를 불렀다.

"이번에는 날랜 병사를 뽑아 성으로 기어올라가는 시늉만 내게 하라."

"예, 폐하!"

일석이조
돌 한 개를 던져 새 두 마리를 잡는다는 뜻으로, 동시에 두 가지 이득을 봄을 이르는 말.

배를 최대한 관미성으로 가까이 하여 날랜 병사가 갈고리를 성벽 위로 던져 올렸다. 그러자 관미성에서는 뜨거운 물을 부었다. 높은 지역에 위치한 관미성 안의 물을 빨리 없애려는 광개토대왕의 뜻이었다. 그 뜻을 알아차린 고구려 군사들은 감탄하였다.

한편 관미성에서는 위례성으로 급한 전갈을 보냈다.

'구원병을 보내 주시오.'

그러나 진사왕은 애만 태웠다. 진사왕의 조카인 아신은 삼촌의 대처 방법에 강한 불만을 나타냈다.

"폐하, 하루빨리 구원병을 보내 관미성을 구해야 하옵니다."

아신의 외삼촌인 장군 진무도 아신과 뜻을 같이했다.

"폐하, 관미성은 우리의 도성으로 통하는 아주 중요한 교통로입니다. 이곳을 고구려에 넘겨주어서는 아니 되옵니다. 하루 빨리 구원병을 보내시기 바라옵니다."

그러나 반대하는 관리도 있었다.

"고구려의 담덕은 용맹하고 뛰어난 장수입니다. 괜스레 잘못 다루었다가는 우리나라가 큰일을 당할지도 모릅니다."

"그러하옵니다. 관미성뿐만 아니라 위례성도 위험하니 도성을 어디로 옮길 것인지도 의논해야 하옵니다."

의견이 나누어지자 진사왕도 혼란스러웠다. 시간이 흘러도 뾰족한 방법이 나오지를 않았다. 이렇듯 백제의 도성인 한성에서 우왕좌왕右往左往하고 있을 때 관미성은 광개토대왕의 총공격을 받게 되었다. 20여 일이 지나자 관미성 가까이로 고구려 군사들이 가도

우왕좌왕
이리저리 왔다 갔다 하며 일이나 나아가는 방향을 종잡지 못함.

화살을 쏘거나 뜨거운 물을 붓지 않게 되었다. 광개토대왕은 부하 장수들을 불렀다.

"이제 관미성에 화살과 물이 다 떨어진 모양이구나. 이때를 놓치지 말고 총공격하라. 그리고 다음의 사항을 군사들에게 알리도록 하라."

- 항복하는 자는 절대로 죽이지 말라.
- 어린아이, 할아버지나 할머니, 여자들은 절대로 죽이지 말라.
- 우리에게 협조하는 자에게는 큰 상을 내려라.

"자, 관미성으로 진격하라!"

광개토대왕의 명령에 따라 고구려 군사들은 갈고리를 사용하여 성벽을 타고 넘어갔다.

이미 관미성 군사들과 백성들은 식량이 떨어지고 물이 떨어져 며칠째 굶고 있는 상태였다. 싸울 기운마저 없는 백제 군사들은 모두 항복하였다. 고구려 군사들은 광개토대왕의 명령대로 항복하는 관미성의 백제 군사와 백성들에게 식량과 물을 나누어 주었다. 그러자 광개토대왕과 고구려 군사들을 무서워하던 백제 사람들은 안도의 한숨을 내쉬며 만세를 불렀다.

"만세! 만세! 만세!"

광개토대왕은 관미성을 철저히 방어하도록 부하 장수에게 당부한 뒤에 국내성으로 돌아왔다.

 | 재미있는 고구려 이야기 | 06

고구려 사람들은 흰옷을 즐겨 입었다면서요?

우리 민족을 흔히 백의민족白衣民族이라고 부릅니다. 이 말은 옛날부터 우리 민족이 백색 옷, 즉 흰옷을 즐겨 입었던 데서 비롯된 말이며, 줄여서 백민白民이라고도 했지요. 언제부터 흰옷 입기를 좋아했는지 확실히 알 수는 없으나, 중국과 우리나라의 여러 책에 씌어 있는 것으로 보아 부여부터 시작하여 삼국, 고려, 조선시대에 이르기까지 상당히 오래 되었습니다.

중국의 《삼국지三國志》〈위지魏志〉 동이전東夷傳에 의하면, '부여 사람들은 옷의 빛으로 흰색을 숭상했다. 흰 삼베로 도포를 만들어 입는데 소매가 몹시 넓고, 또 바지도 희게 입는다.'고 하는 기록으로 보아 부여 사람들이 이미 흰옷을 입고 있었다는 것을 알 수 있습니다. 그리하여 부여에 뿌리를 두고 있는 고구려 역시 흰옷을 입었을 것으로 추측할 수 있습니다.

흰옷을 입은 이유는 무엇이었을까요?

흰색은 태양을 상징하는 것으로, 예부터 우리 민족에게는 태양숭배사상이 강해 광명을 나타내는 뜻으로 흰색을 신성시하고 흰옷을 즐겨 입었을 것으로 보입니다. 이밖에도 흰색은 하늘과 땅을 의미하는 색으로 영원히 죽지 않는 색을 뜻하기도 합니다.

또 다른 이유로는 옷감을 물들이는 기술의 부족을 들 수가 있습니다. 옷감을 처음 만들면 대개 흰색인데, 시간도 없고 기술도 부족하여 원래 색깔인 흰옷을 입게 된 것이지요.

그래도 우리 민족의 흰옷 숭상은 오랜 역사를 지닌 것으로, 민족정신을 뜻할 만큼 사랑을 받아 왔습니다. 외국에서 옷이 수입되었으나, 민족 고유의 옷인 흰색 바지와 치마 그리고 저고리를 끝내 지켜온 것으로도 알 수 있지요.

고려 공민왕 때나 조선시대에도 흰옷 입는 것을 금지하려고 한 적이 있습니다. 흰옷 착용을 금지한 것은 신분 구별을 뚜렷이 하고, 사치를 금해 검소한 생활을 하기 위함이었습니다. 그럼에도 불구하고 우리 민족의 흰옷 사랑은 계속되었습니다.

근대 이후 생각의 변화와 시대의 변천에 따라 예식이나 종교적인 행사 같은 특별한 경우 말고는 자연스럽게 색깔 있는 옷을 입게 되어 차츰 일상생활에서 흰옷이 멀어지게 되었습니다. 그러나 아직도 갓난아기에게 주로 흰옷을 입히고, 죽은 사람에게 흰옷을 입히는 것이 관례慣例입니다. 흰옷 착용은 우리나라 사람들에게 있어 흰옷으로 일생을 시작하여 흰옷으로 일생을 마친다고 할 정도로 오랜 전통이 된 고유의 풍습입니다.

참고로 고구려시대의 벽화를 보면 여자들이 엉덩이까지 내려오는 저고리에 바지 입은 모습을 볼 수 있는데, 이는 말을 즐겨 탔기 때문이라고 합니다.

백의민족 흰옷을 입은 민족이라는 뜻으로, '한민족'을 이르는 말. 예부터 우리 민족이 흰옷을 즐겨 입은 데서 유래한다.
관례 전부터 전해 내려오던 전례(前例)가 관습으로 굳어진 것.

7. 백제가 항복하다

관미성을 빼앗긴 백제는 진사왕을 겁쟁이라며 비난하였다. 특히 진사왕이 관미성을 고구려에 빼앗길 때 제대로 고구려를 막을 대책을 세우지 못한 것에 대해 조카 아신의 불만은 이만저만이 아니었다. 아신은 외삼촌인 진무를 불렀다. 진무는 침착하고 슬기로워 따르는 사람이 많았다.

"삼촌, 이대로는 안 되겠어요. 진사 삼촌이 임금이 된 지 8년이 되었지만 계속 고구려에게 밀리고 있습니다. 잘못하다가는 고구려에게 우리 백제가 완전히 당하겠어요."

"그래서 어떻게 하겠다는 게냐?"

"삼촌을 믿고 말씀드리는 것이에요. 가라앉은 사기를 끌어올리고자 곧 사냥대회를 개최할 것입니다. 그때 왕을 암살暗殺……."

진무가 손으로 얼른 아신의 입을 막았다. 그런 다음 주위를 둘러

암살
사람을 몰래 죽임.

보며 낮은 목소리로 말했다.

"그럼 다음 임금으로 누구를 생각하고 있느냐?"

그러자 아신은 말을 잇지 못하고 머뭇거렸다. 진무는 알았다는 듯이 말했다.

"알았다. 내가 힘껏 도와주마."

백제에서는 고구려가 석현성과 관미성을 차지할 때 진사왕이 우유부단優柔不斷한 모습을 보였기에 왕에 대한 백성들의 마음이 멀어지고 있었다.

> **우유부단**
> 어물어물하기만 하고 딱 잘라 결단을 하지 못해 미적거리는 것.

"역시 백제의 꿈은 아신 왕자님이셔!"

"이 사람아, 무슨 소리를 하고 있어. 목숨이 몇 개나 돼? 살고 싶으면 입조심 하게나."

"내 말이 틀렸어? 관미성 전투에 아신 왕자님만 계셨어도 성을 고구려에 빼앗기지는 않았을 것이야."

"그건 맞는 말이네. 아신 왕자님이 태어나신 날 위례성 별궁에는 신비한 빛이 밤을 밝혀 주었다고 하지 않는가?"

"맞아, 그건 우리 백제를 밝혀 준다는 뜻이 아니겠어?"

"쉿! 누가 들으면 어쩌려고 그러나?"

백제 군사들도 백성들과 다를 바 없었다. 진사왕에 대한 불신은 곳곳에서 자라나고 있었다.

드디어 구원에서 사냥대회가 열렸다. 진사왕은 좌우에 신하를 거느리고 사냥대회에 참석했다. 아신도 함께 사냥대회에 나갔다. 수많은 백제 청년들이 저마다 닦은 실력을 뽐내려고 사냥대회가 열리는 구원으로 몰려들었다.

"백제의 젊은이들이여, 오늘 사냥대회에서 많은 짐승을 사냥한 사람은 특별히 관리로 뽑을 것이다."

진사왕의 말에 청년들은 함성을 질렀다.

"와! 와! 와!"

사냥대회의 시작을 알리는 북소리가 울렸다.

"둥! 둥! 둥!"

청년들은 두세 명씩 어울려 구원의 산속으로 들어갔다. 진사왕도 아신과 진무와 더불어 사냥에 나섰다. 젊음을 전쟁터에서 보낸 진사왕도 나이가 들어서인지 활발하게 움직이지 못했다. 사람들이 사냥에 푹 빠져 있을 때 아신과 진무를 따르는 군사들이 진사왕을 에워쌌다.

"폐하께서 쓰러지셨다!"

아신이 소리치자 신하와 군사들이 모여들었다. 하지만 진무를 따르는 군사들은 아신과 진무 이외에는 누구도 진사왕의 곁으로 오지 못하도록 했다. 진무가 소리쳤다.

"폐하께서는 다음 왕위를 아신 왕자님이 계승하라고 유언을 남기셨소. 이제 아신 왕자님이 선왕의 뒤를 이어 백제의 임금이 되셨소. 모두 아신 왕자님께 신하의 예를 올리시오."

신하들은 모두 아신에게 예를 올렸다. 이로써 아신은 백제의 17대 임금이 되었다. 때는 392년(영락 2년)이었다.

한편, 광개토대왕은 관미성을 차지한 후 두 번의 전쟁 속에서 전사한 군사들을 위해 제사를 지내 주었다. 국내성에서 가까운 절에 제사상을 차리게 한 뒤 직접 술을 따라 술잔을 올렸다. 그리고 절을 하고 나서 품에서 곱게 접은 종이를 꺼냈다. 죽은 군사들을 생각하며 지은 글이었다.

> 나라를 위해 한목숨을 바친
> 너희들은 직책을 다하였건만
> 부하를 위로하고 사랑하는 일,
> 나는 그런 덕이 모자랐노라.
> 혼들이여, 이곳에 모여
> 여기에 차린 제물을 받으시고
> 극락왕생하시어
> 좋은 세상 맞이하소서.

글을 읽는 광개토대왕의 볼로 뜨거운 눈물이 흘러내리고 있었다. 대웅전大雄殿 위로 반달이 떠올라 정겨운 사람들의 모습을 따뜻하게 비춰 주고 있었다.

궁궐로 돌아온 광개토대왕은 회의를 열어 백성들의 생활에서 가장 어려운 부분이 무엇인지 물어보았다.

"폐하께서 고구려를 이끄신 뒤로 태평성대太平聖代를 이루고 있사옵니다. 이 기회에 감옥의 문을 활짝 열어 그들로 하여금 고구려에 봉사할 수 있는 길을 열어 주시기 바라옵니다."

대웅전
절에서 본존불을 모시는, 가장 중심이 되는 법당.

태평성대
어진 임금이 잘 다스리어 태평한 세상이나 시대.

대대로의 말에 광개토대왕이 고개를 끄덕였다.

"산과 황무지를 개간하게 하여 농사를 지을 수 있도록 해주시기 바라옵니다."

"그것이야 지금도 하고 있는 일이 아니오?"

그러자 대대로가 나섰다.

"황무지나 산을 개간하여 농사를 짓는 사람에게는 세금을 면제해 주시면 더욱 많은 땅을 개간할 것입니다."

"세금을 면제해 준다? 그것 참 좋은 생각이구려. 그렇게 하도록 하오."

"봄에 곡식을 빌려주는 진대법을 더욱 널리 실시해야 될 것이옵니다."

관리들은 평소에 생각했던 바를 진솔眞率하게 말했다.

광개토대왕은 흐뭇한 표정을 지으며 신하들의 말을 경청傾聽하고 있었다.

진솔
진실하고 솔직함.

경청
다른 사람의 말을 귀 기울여 듣는 것

"그럼 감옥의 문을 활짝 열어 죄인들을 모두 풀어 주도록 하시오. 그리고 진대법을 널리 확대하여 실시하고, 부정한 관리는 엄한 벌에 처할 것이며, 또한 산을 개간하여 농사를 짓는 사람들은 세금을 면제해 주도록 하시오."

"성은이 망극하옵니다."

이 무렵 백제에서는 전쟁 준비에 열중이었다. 임금이 된 아신은 오로지 관미성을 되찾을 생각만 하였다. 그리하여 정사암政事巖 회의를 열었다. 정사암 회의는 백제에서 귀족들과 신하들이 함께 모여 나라의 중요한 일을 의논하여 결정하는 최고 기구이다.

"관미성을 되찾아야 하오. 어떻게 하면 좋겠소?"

"군사를 많이 늘려야 하옵니다."

병관좌평兵官佐平이 된 진무가 말했다.

"지금 백성들은 계속되는 가뭄으로 어려움을 겪고 있습니다. 지금 군사를 늘리는 것은 백성들의 생활을 더욱 어렵게 하는 것이옵니다."

바른 소리를 하는 신하를 향해 아신왕은 버럭 화를 내며 말했다.

"그럼 군사로 뽑을 사람의 나이를 낮추시오. 15살 이상이면 모두 군사로 뽑으시오."

"그럼 백성들의 원성怨聲이 클 것이옵니다."

그러나 고구려에게 빼앗긴 관미성을 반드시 되찾아야겠다는 야욕으로 가득 찬 아신왕은 이미 판단력을 잃고 있었다.

"진무 좌평은 곧 군사들을 모으고 관미성으로 출전할 준비를 하시오. 관미성은 우리나라 북쪽 국경선을 지키는 중요한 곳이오. 이 땅을 지금 고구려가 차지하고 있으니 짐은 이것이 너무나 원통하오. 그대는 관미성을 되찾는 것에 총력을 기울여 주시오. 그리하여 땅을 빼앗기는 아픔이 다시는 없도록 하시오."

"분부대로 거행하겠사옵니다."

아신왕의 명령을 받은 진무는 1만 명의 군사를 이끌고 관미성을 향했다.

고구려가 관미성을 공격할 때 식량과 무기를 보급하는 길을 막

병관좌평
6좌평(佐平)의 하나로, 지방 병마(兵馬)를 맡아보았으며, 옷의 색깔은 자주색이며, 관은 은화(銀花)로 장식하였다. 병권을 장악하였기 때문에 정치적·군사적 비중이 매우 컸다.

원성
사람들이 원망하는 소리.

은 것처럼, 진무도 고구려와 같은 작전을 쓰기로 한 것이다.

하지만 관미성이 포위되었다는 소식을 전해들은 광개토대왕은 명령했다.

"청목령을 지나 철갑기마병으로 아리수를 방어하게 하라. 그리하여 백제 군사들에게 보급되는 식량과 무기를 막도록 하라."

"알겠습니다, 폐하!"

고구려 군사들의 움직임을 알지 못하는 백제의 진무는 군사들에게 공격 명령을 내렸다.

"관미성은 우리 백제의 성이었다. 이 성을 빼앗지 못하면 모두 고향에 갈 수 없을 것이다. 어서 공격하라!"

백제 군사들은 진무의 명령에 따라 배를 타고 성 아래쪽으로 가까이 갔다. 그러나 고구려 군사들이 빗발치게 쏘아대는 화살과 돌덩이에 의하여 물러나지 않을 수 없었다.

"더 이상 물러날 곳이 없다. 적들은 식량과 물이 부족할 것이니 어서 힘을 내라!"

진무는 백제 군사들을 격려하였다.

그러나 고구려 군사들이 단단히 방어하고 있는 관미성을 되찾기에는 역부족이었다.

시간이 흐르자 백제의 군사들은 식량과 무기가 부족하게 되었다. 진무가 관미성으로 올 때 아신왕이 식량과 무기를 아리수를 통해 보급해 주기로 되어 있었다. 그러나 아리수는 이미 고구려의 철갑기마병들이 장악하고 있었다. 아리수에 도착한 철갑기마병들은 폭이 좁은 강가의 양쪽에 숨어 백제의 배가 지나기만을 기다렸다.

백제 군사들은 철갑기마병들이 숨어 있는 것도 모른 채 아리수를 통해 무기와 식량을 실은 배를 몰고 관미성으로 향했다.

"이곳까지 고구려 군사들이 올 리는 없겠지?"

"그럼, 이 먼 곳까지 오겠어."

노를 젓는 군사들은 고구려의 기습을 두려워하고 있었다. 이들의 말이 끝나기가 무섭게 숨어 있던 고구려 배가 나타났다. 전혀 준비가 되어 있지 않은 백제 군사들은 속수무책束手無策으로 철갑기마병들에게 당할 수밖에 없었다. 철갑기마병들은 백제 수군의 배에 불을 놓고 식량도 불태웠다. 백제에서 애써 준비한 식량과 무기가 한 줌의 재로 변한 것이다.

"백제군이 육지로 갈지도 모른다. 아리수 남쪽의 육지를 철저히 막도록 하라."

광개토대왕이 다시 명령을 내렸다. 광개토대왕의 말대로 백제군은 수레에 식량과 무기를 싣고 아리수 남쪽 길을 통해 관미성으로 향하고 있었다. 산을 의지하여 숨어 있던 철갑기마병들은 백제 군사들이 나타나자 돌과 화살로 공격하였다. 갑작스러운 철갑기마병들의 공격에 백제 군사들은 이번에도 크게 패배하고, 식량과 무기를 실은 수레는 불에 타버렸다.

한편, 관미성을 공격하던 진무는 식량과 무기가 당도하기를 애타게 기다려도 오지를 않자 군사들을 후퇴시켰다.

"다음 기회를 엿보도록 하자. 후퇴하라!"

기습
적이나 상대를 갑자기 공격하거나 습격하는 일.

속수무책
어찌할 도리가 없어 손을 묶어 놓은 듯이 꼼짝 못한다는 뜻.

진무가 관미성에서 군사들을 후퇴시키자 기회를 엿보고 있던 관미성의 고구려 군사들이 총공격에 나섰다. 이미 식량이 바닥나 며칠을 굶주린 백제 군사들은 무기를 들 힘도 없었다. 진무는 백제 군사들을 격려하였다.

"어서 고구려군을 공격하라!"

그러나 진무의 목소리는 메아리로 들릴 뿐이었다. 백제 군사들은 도망하기에 급급하였다. 진무도 겨우 목숨만 건진 채 한성에 도착하였다. 진무를 본 아신왕은 이를 갈았다.

"내 언젠가는 이 원수를 꼭 갚으리라."

아신왕은 다시 군사들을 뽑아 훈련에 들어갔다.

탄쟁
'꽹과리'의 일종.

추쟁
옛 중국 악기인 쟁의 하나.

와공후
현악기의 하나. 나무로 배처럼 만들어 소나 양의 힘줄로 줄을 매는데, 보통 13현임.

수공후
국악기의 하나. 사다리꼴 모양의 나무틀에 21개의 줄을 맨 현악기. 하프처럼 음색이 고우며 음량이 큼.

비파
타원형의 몸통에 곧고 짧은 자루가 달린 현악기의 하나. 4줄의 당비파와 5줄의 향비파가 있음.

오현금
다섯 줄로 된 옛날 거문고의 하나. 중국 순(舜)임금이 만들었다 함.

광개토대왕은 관미성에서 백제 군사를 물리치고 돌아오는 군사들을 위해 기악대를 동원하여 환영하였다. 기악대의 악공들은 자주색 비단 모자에 새의 깃으로 장식하였다. 황색 큰 소매옷에 자주색 비단 띠를 띠고, 통이 넓은 바지에 붉은 가죽신을 신고, 오색 물감을 들인 끈으로 장식하였다. 탄쟁, 추쟁, 와공후, 수공후, 비파, 오현금, 의취적, 생, 통소 등을 가진 기악대는 개선하는 군사들을 향해 멋지게 악기를 연주하였다.

광개토대왕은 승리한 군사들에게 고기와 술을 하사했다. 고구려는 여름은 서늘하나 짧으며, 봄과 가을은 메마르고 건조한 지역에 자리 잡고 있어서 겨울이 길고 추웠다. 한겨울에는 오전 9시가 되어야 날이 밝고 오후 4시면 어두워졌으며, 기온도 매우 낮아 겨울에는 영하 30도 이하로 내려갔다. 삼림은 무성하여 침엽수와 활엽수의 혼합림이 울창했으므로 추위가 길었다. 이에 대비해서 추위에 견딜 수 있도록 기름기를 많이 섭취해야 했으므로, 집집마다 돼지를 길러 돼지고기를 즐겨 먹었다.

궁궐로 돌아온 광개토대왕은 정복 지역의 백성들과 고구려 백성들을 한마음으로 모을 방법을 신하들과 의논하였다.

"폐하, 군사들과 백성들의 마음을 하나로 모으는 데는 불교만한 것이 없사옵니다."

대형大兄이 말했다. 고구려에서는 오늘날의 장관을 대형이라고 했으며, 차관을 소형이라고 불렀다. 백성들은 친근하게 관리들을 대하고, 관리들은 백성들을 가족처럼 생각하라는 뜻에서 관리의 명칭도 이와 같이 정한 것이다. 나아가 관리 중에 사자와 대사자가 있는데, 이를테면 사자는 심부름꾼이다. 백성들을 낮추면서 자신을 높여 다스리는 것이 아닌, 백성들의 심부름꾼으로 생각하는 위민사상爲民思想에서 나온 관리의 이름이다.

"그렇다면 어디에 절을 짓는 것이 좋겠소?"
"백제의 공격을 받았던 남경南京은 어떠하온지요?"
"남경이라? 좋습니다. 그럼 남경에다 9개의 절을 지어 정복 전쟁 중에 전사한 군사들의 명복도 빌고, 백성들의 마음도 하나로 모으게 합시다."

그리하여 평양에 9개의 절이 지어졌다. 백성들은 틈날 때마다 절을 찾아 나라의 태평과 집안의 화목을 기원하였다.

의취적
대나무로 만든 가로 부는 관악기.

생
생황(笙簧)의 준말. 아악(雅樂)에 쓰는 관악기의 하나. 큰 대로 판 통 위에 길고 짧은 17개의 죽관(竹管)을 둥글게 세운 것인데, 그 위 안쪽에 지공(指空)이나 음공(音空)이 있으며, 아래 끝에 소리를 울리게 하는 쇠청을 박아서 나무통 옆의 불구명으로 불거나 들이마시어 소리를 내게 되어 있음. 소리가 맑고 아름다움.

통소
대로 만든 악기의 한 가지. 앞에 구멍이 다섯 개 있고, 뒤에 하나가 있으며, 세로로 붊.

위민사상
백성들을 위하는 마음으로 정치를 함.

남경
평양성을 가리킴.

고구려가 태평성대의 시절을 즐기고 있을 때 백제군이 또다시 쳐들어왔다는 전갈이 왔다. 광개토대왕은 7천 명의 철갑기마병을 거느리고 남경을 지나 수곡성水谷城으로 달려갔다. 고구려와 백제의 젊은 국왕들이 전쟁터에서 대면한 것이다.

광개토대왕이 철갑기마병에게 명령했다.

"백제군을 쳐라. 한 놈도 살려 보내지 마라."

명령에 따라 철갑기마병은 앞으로 나아갔다. 경당에서 어릴 때부터 말타기와 활쏘기, 긴 창을 이용한 무술을 배운 철갑기마병이 나아가자 백제 군사들은 바람에 대나무가 쓰러지듯이 나가떨어졌다. 가까이 오는 백제 군사들은 등자에 달린 뽀족한 무기로 걷어찼다. 백제 군사들은 당황하여 뒤로 물러섰다.

"빨리 공격하라. 이제 고구려군들도 지쳐간다."

아신왕이 소리쳤다. 그 말에 코웃음을 치듯이 철갑기마병은 백제 군사들을 뒤쫓았다. 아신왕은 결국 살아남은 군사를 이끌고 위례성으로 돌아갔다.

두 왕국 수장首長 간의 첫 대결은 광개토대왕의 승리로 끝났다. 광개토대왕은 백제 군사 8천 명을 죽이거나 포로로 사로잡았다.

한성으로 돌아온 아신왕은 복수의 칼날을 갈았다. 그리하여 2년여의 준비 끝에 395년(영락 5년) 8월에 외삼촌인 진무에게 1만 명의 군사를 주어 또다시 고구려 원정길에 나섰다.

이 소식을 들은 광개토대왕은 철갑기마병 7천 명을 직접 이끌고 패수로 갔다. 패수가 훤히 보이는 높은 곳에 자리를 잡은 광개토대

> **수곡성**
> 고구려 때의 지명. 황해도 신계군에 있었다.

> **수장**
> 위에서 중심이 되어 집단이나 단체를 지배하고 통솔하는 사람.

> **패수**
> 오늘날의 예성강.

왕은 백제 군사들이 오기만을 기다렸다.

진무는 광개토대왕이 패수에서 기다리는 줄도 모르고 작은 배들을 동원하여 강을 건넜다. 군사들이 거의 패수를 건널 즈음 북이 울렸다.

"둥! 둥! 둥!"

북소리에 맞추어 광개토대왕의 명령이 떨어졌다.

"포차拋車를 쏴라!"

포차는 많은 돌을 한꺼번에 쏘는 무기였다. 육지로 오르는 백제 군사들은 갑자기 하늘에서 쏟아지는 돌덩이에 혼비백산魂飛魄散하여 허둥거렸다. 백제 군사들은 머리가 깨져 피가 줄줄 흘렀다.

> **혼비백산**
> 혼백이 어지러이 흩어진다는 뜻으로, 몹시 놀라 넋을 잃음을 이르는 말.

"전군은 후퇴하라!"

진무는 달려가던 백제 군사들이 모두 쓰러지는 것을 보고 서둘러 후퇴 명령을 내렸다. 그러나 이미 고구려의 철갑기마병이 패수를 가로막고 있었다. 백제 군사들은 서로 먼저 배에 타겠다고 아우성을 쳤다. 자기들끼리 밀고 밀치는 일이 벌어져 강물로 떨어지는 군사들도 부지기수不知其數였다.

> **부지기수**
> 헤아릴 수가 없을 만큼 많음. 또는 그렇게 많은 수효.

"또 당하다니……, 원통하구나!"

진무는 땅이 꺼질 듯한 한숨을 쉬었다. 살아남은 2천여 명의 군사를 이끌고 어쩔 수 없이 한성으로 돌아왔다.

같은 해 11월, 아신왕은 이번에는 직접 7천 명의 군사를 이끌고 고구려로 향할 계획이었다. 그런데 외삼촌 진무의 반대가 컸다.

"폐하, 지난 패수에서의 싸움이 끝난 지 채 반 년도 아니 되었사옵니다. 군사들을 쉬게 하면서 내년을 기다리는 것이 좋을 듯하옵니다."

"아니오, 저들은 아리수에 대한 욕심을 버리지 않을 것이오. 이번에 확실하게 저들을 무찔러야 하겠소. 내 뜻을 더 이상 반대하지 마시오."

아신왕은 신하들의 반대에도 아랑곳하지 않고 아리수를 건너 청목령으로 향했다. 살을 파고드는 차가운 북풍과 눈발이 백제 군사들의 걸음을 막았다. 발목까지 빠지는 눈 때문에 군사들은 동상에 걸렸고, 얼어 죽는 군사들까지 생겨났다. 더 이상 앞으로 나아가는 것은 불가능했다.

"고구려의 기습이 있기 전에 후퇴해야 되겠습니다."

부하 장수가 아신왕에게 말했다. 하지만 아신왕은 고개를 가로저었다.

"고구려도 조건이 나쁘긴 마찬가지이다. 이런 기회를 이용해야 고구려를 물리칠 수가 있다."

그러나 눈발은 그칠 줄을 몰랐다. 백제 군사들이 싸우기도 전에 하나 둘 추위를 견디지 못하고 쓰러졌다. 군사들이 쓰러지자 기세등등하게 고구려 원정에 나섰던 아신왕도 고집을 꺾을 수밖에 없었다.

백제 군사들이 청목령 근처까지 왔다가 혹독한 날씨 때문에 돌아갔다는 소식은 광개토대왕에게도 전해졌다. 광개토대왕은 백제 군사들이 몸과 마음을 제대로 추스르기 전에 공격을 해야겠다고

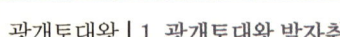

생각했다.

'지금 백제는 무리하게 군사를 일으켜 백성들과 군사들의 사기가 바닥으로 떨어졌다. 지금 백제를 공격하여 고국원왕의 원수를 갚자!'

광개토대왕은 백제가 긴급한 일을 연락하기 위한 봉수烽燧조직이 잘 되어 있다는 것을 알고 있었다.

"먼저 척후병斥候兵을 보내어 백제의 움직임을 알아보고, 봉수대의 백제 군사들을 제거하도록 하라. 그들만 없앤다면 백제는 우리가 한성漢城으로 간다는 것을 알지 못할 것이다."

명령에 따라 척후병들이 먼저 출발하여 봉수대를 차례로 점령하였다. 그 뒤를 이어 수군은 관미성을 거쳐 아리수를 통해 한성으로 향했다. 철갑기마병은 청목령을 넘어 아리수를 건너서 한성으로 갔다. 그러나 고구려군이 당도하는 백제 마을마다 싸울 의지가 없어 보였고, 성주들은 성문을 열고 항복을 하였다. 광개토대왕은 항복하는 백제 군사와 백성들은 진심으로 위로해 주고 살 길을 마련해 주었다. 충성을 다짐하는 백제 군사들은 고구려 군사로 맞았다.

소문은 꼬리를 물고 전해져 백제의 성들이 잇따라 스스로 항복하였다. 광개토대왕은 싸우지 않고도 백제의 아차성阿且城과 비성, 미추성 등 58성 700여 고을을 차례로 고구려 땅으로 만들어 버렸다.

아리수만 넘으면 바로 한성이었다. 일이 그렇게 진행되도록 전혀 눈치를 채지 못한 아신왕은 분통을 터뜨렸다.

봉수
높은 산정에 봉화대를 설치하고 밤에는 횃불, 낮에는 연기로써 변경의 정세를 중앙에 급히 전달하는 군사통신 조직.

척후병
적의 형편과 지형 등을 정찰하고 탐색하는 임무를 띤 병사.

한성
백제의 두 번째 도읍지. 온조왕 14년(5)에 이곳으로 옮겼는데, 지금의 풍납토성과 몽촌산성 부근이다.

아차성
오늘날 서울 한강의 북쪽.

"도대체 봉수대는 어떻게 된 것이냐?"

백제가 봉수대 문제로 시끄러울 때 광개토대왕을 비롯한 철갑기마병은 아리수를 건너 한성을 에워쌌다. 광개토대왕은 포차抛車를 이용한 돌 공격을 시작하였다. 돌덩이들이 쉴 새 없이 한성 안으로

떨어졌다. 그리고 통나무로 만들어진 충차를 이용하여 성문을 공격하였다.

"쿵! 쿵! 쿵!"

성문이 우지끈 소리를 내며 부서지기 시작했다.

그러자 백제 군사들은 모두 성문 쪽으로 와서 고구려 군사들을 막으려 애썼다. 이때 날랜 철갑기마병들이 재빠르게 갈고리와 줄사다리를 성벽에 걸고 성벽을 넘어갔다. 한성의 군사와 백성들은 철갑기마병들에 의해 쓰러져 갔다.

"폐하, 먼저 항복한 후에 다음 기회를 노리시는 것이……."

백제 관리들이 아신왕의 눈치를 보며 말했다.

그러나 항복에 반대하는 신하들도 있었다.

"지금 항복한다는 것은 근초고왕近肖古王께서 이룩하신 업적에 큰 죄가 되는 일이옵니다. 끝까지 담덕과 싸워야 하옵니다."

반대하는 신하들의 목소리는 메아리가 되어 돌아올 뿐이었다.

아신왕도 이미 싸움의 승부가 끝났음을 알았다.

"담덕에게 줄 선물을 준비하라. 그리고 담덕에게 항복한다고 전하라."

백제의 연락을 받은 고구려 진영은 의견이 나뉘어졌다.

"이번 공격을 막으려는 아신의 술책術策입니다. 이번에 아예 백제를 무너뜨려야 하옵니다."

| **술책** |
| 어떤 일을 꾸미는 꾀나 방법. 술계. 술수. |

"맞습니다. 도저히 용서할 수 없습니다."

그러나 광개토대왕의 의견은 달랐다.

"이번에 백제를 무너뜨릴 수는 있소. 하지만 많은 희생이 따라야 할 것이오. 우리 관리들이 이곳에 남아 감시를 철저히 하면 되는 것이오. 우리의 적은 이곳에만 있는 것이 아니지 않소?"

광개토대왕은 아신왕의 항복을 받아들였다. 광개토대왕에게 용상을 내어준 아신왕은 땅바닥에 무릎을 꿇고 앉았다.

"그동안 소인의 잘못을 용서하소서. 앞으로 고구려를 상국으로 모시겠습니다. 이번에 삼베 1천 필과 노비 1천 명을 상국으로 모시는 증거로 바치옵니다."

아신왕은 굴욕감으로 가득 찬 얼굴이었다. 하지만 광개토대왕은 너그러운 웃음을 보이며 말했다.

"앞으로 우리나라를 상국으로서 잘 섬길 수 있도록 하라. 만일 이번 약속을 어길 때에는 그대는 물론 백성들도 살아남지 못할 것이니라. 그리고 그대가 배신하는 것을 막기 위해 그대의 아우와 신하 10명을 볼모로 데려갈 것이니라."

"성은이 망극하옵니다."

이를 지켜보는 많은 백제 사람들은 울음을 터뜨렸다.

반면에 광개토대왕을 비롯한 고구려 사람들은 25년 전에 백제에게 죽음을 당했던 고국원왕의 한을 풀었다는 자부심이 넘쳐났다.

| 재미있는 고구려 이야기 | 07

고구려에서는 신랑이 열 살 정도가 되면 결혼을 시켰다면서요?

옛날에는 남자나 여자나 10세 이전에 결혼하는 경우가 많았습니다. 이것을 흔히 조혼早婚이라고 합니다. 우리나라의 조혼 풍습은 고구려의 데릴사위제도와 옥저沃沮의 민며느리제도에서 비롯되었습니다.

데릴사위제도는 예서제라고도 하는데, 일종의 처가살이지요. 이것은 남·녀가 10살이 되지 않았을 때, 남자아이를 부인이 될 처갓집 이웃에 간단한 집을 지어 주어 살게 하면서, 약정한 기간 동안 예비신랑이 처가의 일을 도와 노동력을 제공하는 제도입니다. 따라서 이러한 제도를 가진 나라는 부계사회라기보다는 모계사회에 가까운 시대였습니다.

혹은 유목민족이라고 할 수 있는 고구려에서는 여자가 부족하였기 때문이라고 주장하기도 하는데, 그 예로 형사취수제도를 들 수 있습니다. 이 제도는 형이 죽으면 아우가 형의 부인을 자신의 아내로 삼는 제도였답니다.

중국의 《삼국지三國志》〈위지魏志〉 동이전東夷傳의 '고구려전'에 보면, 고구려의 결혼풍속에 대해 나와 있습니다.

혼담(婚談, 결혼 이야기)이 이루어지면 신부집 뒤란에 사위막(서옥, 壻屋)이라는 움막을 짓고, 해가 지면 사위가 돈과 재물을 들고 와서 신부집 문 앞에 엎드려 신부와 같이 살

수 있게 해달라고 마음을 다해 빌었다고 합니다. 그러고 나서 사윗감을 사위막에 들여 노동을 시키는데, 둘 사이에서 낳은 아들과 딸이 대여섯 살이 된 후에야 겨우 아내를 데리고 돌아올 수 있었다고 합니다. 결혼하는 것을 신부집에 간다는 뜻인 '장가간다'고 한 것은 이 같은 제도에서 남은 흔적으로 생각할 수 있습니다.

고구려의 지배를 받았던 옥저에는 민며느리제도가 있었습니다. 장래에 며느리로 삼을 어린 계집아이를 데려다가 키우는 것으로, 역시 8~9세가 되면 신랑집에서 데려다가 길렀다고 합니다.

이 두 가지 제도는 조혼 풍습의 먼 원인이 되기도 합니다.

그런데 고구려에서는 사윗감이 신부집에 돈과 재물을 가지고 와서 마음을 다해 빌었다고 전해집니다. 오늘날 혼수품을 주로 신부가 준비하는 것과는 반대라고 할 수가 있지요.

옥저 함경도의 함흥 일대에 위치하고 있던 부여(夫餘) 계열의 한 부족. 또는 이 부족이 세운 나라. 고구려에 복속됨.
사위막 고구려 때에, 혼인을 정한 뒤 신부집의 뒤꼍에 조그마하게 지어 사위를 머무르게 하던 집. 거기서 자식을 낳고 장성하면 아내를 데리고 신랑집으로 돌아갔다.

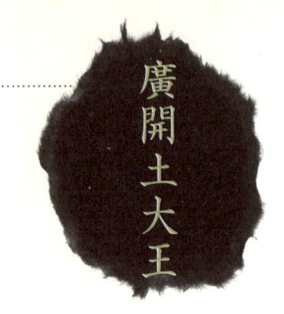

8. 왜구를 물리치다

광개토대왕에게 무릎을 꿇은 아신왕은 복수의 칼을 갈았다.

"여러 조정백관들과 백성들 보기가 부끄럽소. 이 치욕을 어떻게 하면 씻을 수 있을지 의견들을 말해 보시오."

"황공하옵니다."

관리들은 모두 머리를 조아리며 말을 하지 못했다.

"**왜국**倭國은 우리나라가 많은 도움을 준 나라이옵니다. 우리가 구원병을 요청하면 아마도 도움을 줄 것이옵니다. 그리고 가야와도 힘을 합쳐 고구려를 상국으로 섬기는 신라를 치면 반드시 고구려는 도움을 주러 올 것입니다. 이때를 노려 고구려를 공격하면 우리가 당한 치욕을 씻을 수 있을 것이옵니다."

"그렇다면 누구를 왜국으로 보내면 좋겠소?"

"아무래도 전지 태자를 보내는 것이 좋을 것입니다."

왜국
일본(日本)을 낮잡아 이르는 말.

"그 머나먼 곳에 태자를 보내라?"

"그래야 왜국에서도 우리를 믿고 적극 협조할 것이옵니다."

아신왕은 신하들의 뜻을 따르기로 하였다.

왜국에서는 왕인 박사王仁博士나 아직기阿直岐 등을 자신의 나라로 보내 선진문화와 학문을 전해준 것에 늘 고마워하고 있었다. 이에 백제의 뜻을 받아들여 군사들을 보내기로 하였다.

399년(영락 9년), 광개토대왕에게 신라의 내물왕奈勿王이 사신을 보내왔다.

"폐하, 지금 왜군이 쳐들어와 우리나라의 여러 성들을 빼앗고 백성들의 재산을 약탈하고 있습니다. 백제와 가야의 군사들도 보이는 것으로 보아 삼한 땅에서 주도권을 쥐기 위한 백제의 계략인 것 같사옵니다. 군사를 일으키시어 백제를 비롯한 왜와 가야의 연합군을 물리쳐 주시기 바라옵니다."

신라 사신의 말을 들은 광개토대왕은 크게 노하였다.

"지난 원정 때 목숨을 살려주었건만 짐을 배신하다니, 도저히 용서할 수 없다. 짐이 직접 군사를 이끌고 왜군과 가야, 백제의 연합군을 무찌르겠노라."

그러자 대대로가 반대하였다.

"폐하, 우리가 남쪽으로 간 틈에 후연이 우리나라를 침략하면 어떻게 하시겠습니까? 우선 후연에 대한 조치를 취한 후에 남쪽 원정을 떠나시는 것이 좋겠습니다."

신하의 말에 광개토대왕은 고개를 끄덕였다. 후연도 항상 고구

왕인 박사
근구수왕(近仇首王) 때 일본에서 학자와 서적을 청하자 왕의 손자 진손왕(辰孫王)과 함께 《논어(論語)》 10권과 《천자문(千字文)》 1권을 가지고 건너가게 하였다. 일본에 간 그는 일본 태자에게 글을 가르쳐 일본에 한문학(漢文學)을 일으키게 했으며, 그의 후손들은 서부 일본의 가와치(河內)에서 살았다. 그의 이름이 일본의 《고사기(古事記)》에는 와니키시(和邇吉師)라 기록되어 있고, 《일본서기(日本書紀)》에는 와니(王仁)라 기록되어 있다.

아직기
백제의 학자. 경서에 능하였으며, 근초고왕 때 왕명으로 일본에 건너가 오오진 천황(應神天皇)의 태자의 스승이 되고, 천황의 요청으로 왕인(王仁)을 추천하여 일본에 한학을 전하게 하였다. 아지길사(阿知吉師)라고도 한다.

려의 틈을 엿보고 있었다. 광개토대왕은 자신이 직접 쓴 편지와 사신 100여 명을 후연으로 보냈다.

"그대들은 아주 중요한 임무를 띠고 후연으로 가는 것이오. 절대 후연의 성읍을 거치지 마시오. 조금 힘들고 어렵더라도 산길로 돌아 후연의 연경으로 가시오."

광개토대왕의 명령을 받은 고구려 사신들은 후연의 성읍을 거치지 않고 산길로 바로 연경에 도착했다. 이에 후연의 왕인 모용수는 깜짝 놀랐다.

"아니, 성읍에서 어떻게 방어를 하고 있기에 고구려 사신들이 연경에 들어와서야 겨우 알았단 말이오?"

"그들이 산길을 타고 왔다고 합니다."

모용수는 고구려가 두려웠다. 그렇지만 모용수를 더욱 화나게 한 것은 광개토대왕이 쓴 편지였다. 고구려를 후연의 속국으로 생각하고 있었는데, 후연의 연호를 쓰지 않고 고구려의 연호를 쓰고 있었던 것이다.

> 후연왕 모용수는 들거라.
> 짐이나 후연이나 모두 **동이족**東夷族의 후손들이니라.
> 그런데 번번이 고구려를 공격하려 드니 이는 도저히 용서할 수 없는 일이로다.
> 앞으로 다시는 이러한 일이 일어나지 않기를 바라노라.
> ―대고구려왕 영락

> **동이족**
> 중국 동쪽에 있는 외민족의 총칭. 동이족에는 한민족(韓民族), 만주족(滿洲族), 일본족(日本族) 등이 포함된다.

모용수는 화가 머리끝까지 치밀었다. 하지만 사신들 앞에서 그런 모습을 나타내기는 싫었다. 분명 고구려에 문제가 있어 자신을 위협하는 것이라고 생각하였다.

사신을 고구려로 돌려 보내고 난 뒤 모용수는 고구려를 공격할 준비를 명령하였다.

한편 후연에 사신을 보내고 광개토대왕은 신라 원정에 나섰다. 고구려의 속국인 신라에 침입한 왜군과 가야, 그리고 백제군을 물리치기 위한 것이었다.

400년(영락 10년) 5월, 광개토대왕은 철갑기마병을 중심으로 한 4만 명을 이끌고 신라로 향했다. 1군은 청목령을 넘어 서원성을 지나 신라로 들어갔다. 2군은 수군으로 황해를 거쳐 왜군이 머물고 있는 김해 가까이 갔다.

서원성
오늘날의 원주.

왜군이 가야 땅에 머물며 신라에 들어와 백성들을 죽이고 물건을 약탈해 갔기 때문에 육지와 바다에서 왜군을 물리치기 위한 광개토대왕의 작전이었다.

김해 가까이에 신라의 군사들이 숨어 있었다.

"먼 길을 오시느라 고생했습니다. 왜군의 상황을 말씀드리겠습니다."

"왜군의 정황은 알아보았습니까?"

"너무 염려하지 않으셔도 됩니다. 왜선은 거의 백제 배들과 마찬가지로 모두 작아서 수십 척을 합쳐 봐야 고구려 배 한 척의 힘만도 못합니다."

"그렇다고 너무 얕보면 안 됩니다."

"왜군은 거의 육지로 갔고, 지금 배에는 약 2천 명 정도의 군사들만 있습니다."

"저들을 유인할 곳이라도 있소?"

"이곳에서 한 10여 리 떨어진 곳에 계곡이 있습니다."

계곡이라는 말에 고구려 장수는 계책을 떠올렸다. 그리고 곧바로 계곡 양편에 군사들을 매복埋伏시켰다.

> **매복**
> 상대편의 동태를 살피거나 불시에 공격하려고 일정한 곳에 몰래 숨어 있음.

"너희들은 왜군과 싸우는 척하다가 계곡으로 도망치거라."

장수의 명령을 받은 군사들은 왜군이 머물고 있는 배로 갔다. 배에다가 불화살을 쏘니 왜군들은 불을 끄느라 정신이 없었다. 이윽고 불이 꺼지자 왜군들은 고구려 군사를 뒤쫓았다. 그러나 만주대륙을 주름잡던 고구려 군사들을 왜군들이 따라잡을 수는 없었다.

"한 놈도 남기지 말고 왜군을 다 때려잡아라!"

왜군들이 계곡에 이르자 고구려 군사들은 일제히 화살을 쏘고 돌덩이를 던졌다. 고구려의 계략임을 알아차린 왜군 장수가 후퇴를 명령했다.

"후퇴하라!"

그러나 뒤쪽에도 고구려 군사들이 에워싸고 있었다. 왜군들은 창과 칼을 휘두르며 고구려의 포위망을 뚫으려고 노력하였다. 겨우 살아남은 왜군들은 종발성으로 숨어들었다.

> **종발성**
> 오늘날의 부산 복천동 부근.

육지에서는 광개토대왕이 이끄는 철갑기마병이 왜군들을 바다로 밀어내고 있었다. 왜군들은 밀리면서도 처음에는 멋모르고 덤벼들었지만, 철갑기마병의 등자와 긴 창, 그리고 화살 공격에 상대가 되지를 못했다.

공격의 선봉에는 늘 돌고가 서 있었다. 그러나 잠시 방심한 순간 그는 왜군들에게 포위되고 말았다.

"어서 돌고 장군을 구하라!"

광개토대왕의 명령을 받고 군사들이 왜군의 포위망을 뚫었을 때 돌고는 이미 쓰러져 있었다.

"돌고 장군, 정신 차리시오."

그러나 돌고는 광개토대왕의 팔에서 고개를 떨구었다.

"돌고 장군!"

광개토대왕은 사냥대회에서 만나 함께 전쟁터를 누비던 소중한 친구를 잃은 것이다. 광개토대왕은 더 이상 왜군을 쫓지 않았다. 대신 성대하게 돌고의 장례식을 치를 준비를 하면서 다짐했다.

'돌고 장군, 짐이 그대의 원수를 꼭 갚아 주리라. 반드시 왜장과 왜군들의 목을 베어 당신의 산소 앞에 바치리라.'

장례식을 마치자마자 광개토대왕은 군사들에게 명령했다.

"우리는 이제 돌고 장군의 원수를 갚아야 하느니라. 한 놈의 왜놈도 살려두어서는 아니 되느니라."

"와! 와! 와!"

군사들은 함성으로 대답했다. 이어서 곧 종발성에 머물러 있던 왜군을 모두 물리쳤다. 그리고 승리의 여세를 몰아 가야군이 머무르고 있는 금관성을 포위했다. 그런데 가야군들은 도무지 성 밖으

금관성
오늘날의 김해.

로 나와 싸우려고 하지를 않았다. 그뿐 아니라 금관성은 공격하기가 매우 어려운 성이었다. 해자垓子가 있어 성벽 가까이 가기가 어려웠던 것이다.

고구려 군사들은 한 달여 동안 금관성을 에워싸고 있었으나 아무 소득도 없이 가지고 온 식량만 바닥나고 말았다. 급한 대로 신라의 내물왕에게 식량을 보내라고 했지만 넉넉한 양은 아니었다. 이때 식량을 담당하는 신하가 들어와 보고했다.

"폐하, 군사는 많고 양식은 적으니 어떻게 할까요?"

광개토대왕은 선뜻 대답을 하지 못했다. 국내성으로 사람을 보내 식량을 보내라고 해도 몇 달이 걸릴 것이다. 그렇다고 내물왕한테 더 이상 손을 벌릴 수도 없었다. 광개토대왕은 고민스러웠다. 그때 머릿속을 스치는 생각이 있었다. 바로 위나라의 조조가 식량이 모자라 위기에 처했을 때 이를 극복한 방법이었다. 광개토대왕은 식량 문제를 상의하러 온 신하를 물끄러미 바라보았다.

"식량이 모자라니 어쩔 도리가 없구나. 되를 줄여서 주거라. 임시방편臨時方便이라도 쓰자."

"군사들이 금방 눈치 채고 원망할 것입니다."

"짐이 책임을 져야지. 이런 위급한 시기에는 누군가 희생하지 않으면 안 돼. 안 그런가?"

"그렇사옵니다, 폐하."

신하는 광개토대왕이 시키는 대로 되를 줄여서 식량을 배급했다. 되를 작게 만들어 같은 한 되를 주더라도 양을 조금씩 줄인 것

해자
상대방이 성을 직접 공격하는 것을 막기 위해 성 둘레에 파놓은 못.

임시방편
갑자기 터진 일을 우선 간단하게 둘러맞추어 처리함.

되
곡식이나 액체 등의 분량을 잴 때 쓰던 그릇.

이다. 그렇게 얼마간을 버텼다. 그 사이에 광개토대왕은 금관성을 공격할 준비를 모두 마쳤다. 그러나 막상 전투를 앞두고는 식량이 적다고 여기저기서 불만이 터져 나왔다. 싸움이고 뭐고 배고파 못 살겠다는 아우성이 광개토대왕에게까지 들릴 정도였다. 그런 상황에서는 광개토대왕의 명령이 귀에 들어올 리가 없었다.

광개토대왕은 식량을 담당하는 신하를 불렀다.

"그동안 고생 많았구나."

"아닙니다, 폐하."

"나도 알고 있다. 무엇보다도 군사들의 마음을 진정시켜야 적을 물리칠 수가 있는데, 이대로는 안 되겠다. 그래서 짐이, 너에게서 뭘 좀 빌려 쓸 생각이야. 그것 하나면 군사들의 마음을 진정시킬 수 있을 것 같은데……."

"뭘 빌려드릴까요? 폐하 뜻대로 하소서."

광개토대왕은 자세를 바로하고 신하에게 말했다.

"너를 희생시키는 것 외엔 방법이 없구나."

"예?"

신하는 깜짝 놀랐다.

"소인은 폐하께서 시키시는 대로 했을 뿐이옵니다. 소인은 죄가 없습니다."

"짐이 언제 너더러 죄가 있다고 그랬느냐? 너는 죄가 없어. 도리어 너는 충신이다. 다만 내일 가야 놈들을 쳐야 하는데 군사들의 마음이 소란하여 명령을 듣질 않으니 어쩌란 말이냐? 군사란, 모름

지기 승리를 위해 목숨을 바치는 것이 도리가 아니겠느냐?"

광개토대왕의 말에 신하는 고개를 숙였다.

"폐하, 그렇다면 저희 가족이나 잘 보살펴 주십시오."

광개토대왕은 신하의 두 손을 따뜻하게 잡아 주었다.

"그야 말해 무엇 하겠느냐? 너의 가족들은 짐이 따로 불러 큰 상을 내리고, 평생 남부럽지 않게 잘살 수 있게 해주마. 나중에 금관성을 점령하면 너의 의로운 죽음을 널리 알려 명예를 회복시켜 주

겠다. 그러니 나라를 위해 죽는다 생각하고 너무 억울해하진 말라. 너에겐 정말 고맙고, 또 미안하구나!"

"고맙습니다, 폐하."
"할 말이 있으면 또 하려무나."
"아닙니다. 고구려를 위해 이 한 몸을 바치겠나이다."
광개토대왕은 군사들이 보는 앞에서 신하의 목을 베었다. 그리고 방을 붙였다.

'이 자는 제멋대로 되를 속여 식량을 도적질했기에 이에 군법으로 처단하노라.'

그제야 광개토대왕에게 불만을 가졌던 군사들의 마음이 풀어졌다. 다음날 광개토대왕은 성을 공격하도록 명령했다. 그리고 직접 성 밑으로 가서 금관성의 해자를 메우는 작업에 동참했다. 성에서는 화살이 빗발치듯하였으나 광개토대왕은 끄떡하지 않고 돌과 흙을 날랐다. 그러는 중 군사 두 명이 날아오는 화살에 겁을 먹고 몸을 뒤로 빼려 했다. 광개토대왕은 그 두 명을 즉석에서 목을 베었다. 그러고는 아무 일도 없었다는 듯이 삼태기를 들고 흙을 퍼 와서는 해자를 메웠다. 광개토대왕이 직접 가야군의 화살 공격을 받으면서 흙을 퍼 나르자, 사기가 오른 고구려 군사들이 일제히 달려들어 순식간에 해자를 메웠다. 광개토대왕은 물러나지 않고 맨 앞에 서서 군사들을 독려했다.

"자, 어서 성을 타고 넘어가 적을 쳐부수자. 성 안에는 먹을 것도 많다."

> **삼태기**
> 대오리·싸리·짚 등으로 엮어 만든, 흙이나 쓰레기, 거름 따위를 나르는 데에 쓰이는 기구.

"와아아!"

고구려의 용맹한 철갑기마병들은 다투어 사다리를 세운 뒤 성으로 기어올라갔다. 워낙 여기저기서 일제히 성벽을 타고 올라가니 가야군들도 더 이상 막아내지를 못했다.

그리하여 지금까지 6가야를 호령했던 금관가야의 국력이 하루 아침에 무너져 대가야로 넘어가게 되었다.

왜군이 도망갔다는 소리에 신라 내물왕은 기쁨을 감추지 못했다. 그래서 광개토대왕을 직접 만나 인사를 했다.

"신의 힘이 약하여 폐하의 힘을 빌었사옵니다. 이 은혜는 평생 잊지 않을 것이며, 앞으로 상국으로 섬김을 다하겠나이다."

"귀국의 어려움은 곧 짐의 어려움이오. 짐이 그대를 힘껏 도와주리다. 그리고 서라벌에 고구려의 군대를 머물게 하여 귀국을 지켜 줄 것이오."

두 사람은 술잔을 마주하며 우정을 나누었다.

> **6가야**
> 금관가야, 아라가야, 고령가야, 대가야, 성산가야, 소가야의 6국.

 | 재미있는 고구려 이야기 | 08

고구려에도 왕권을 상징하는 물건(신기, 신물)이 있었다면서요?

고대 로마에서는 왕이 될 때에 주신主神인 주피터 신의 나무인 떡갈나무로 만든 왕관을 씌워 줌으로써 왕으로서의 인정을 받았다고 합니다.

중국에서는 천단에서 옥새(옥으로 만든 나라의 도장)가 전달되고, 왕의 이름이 정해지면 하늘에 알렸으며, 하늘의 뜻이 전달되면 왕위에 올랐답니다.

조선시대에는 궁궐 정전의 정문에서 남향으로 제단을 세우고 옥새를 받는 것으로 왕위에 오르는 의식을 가졌다고 합니다. 이러한 것들은 왕이 되는 것이 하늘의 명령에 의한 것이라는 생각과 신성사상의 한 가지로서, 왕의 힘을 상징하는 신기神器라 할 수 있습니다. 이렇게 왕권을 상징하는 신기는 고구려를 비롯한 삼국시대에도 나타나고 있습니다.

고구려의 신기는 신검神劍이라 할 수 있습니다. 이것이 신기가 된 것은 두 번째 임금인 유리왕이 아버지이자 고구려의 건국자인 추모왕이 감추어 놓은 칼 한 자루를 찾아 아버지와 아들의 관계를 확인시켜 주었기 때문입니다.

백제의 신기는 용봉향로라 할 수 있습니다. 부여 능산리 고분 근처에서 발견된 이 향로는 봉황이 여의주를 목에 끼고 날개를 활짝 펴 날아가는 모습과 밑에는 용이 살아 움직이는 듯한 모습입니다. 고대 중국에서 왕통을 상징하는 신기였다는 기록이 전하

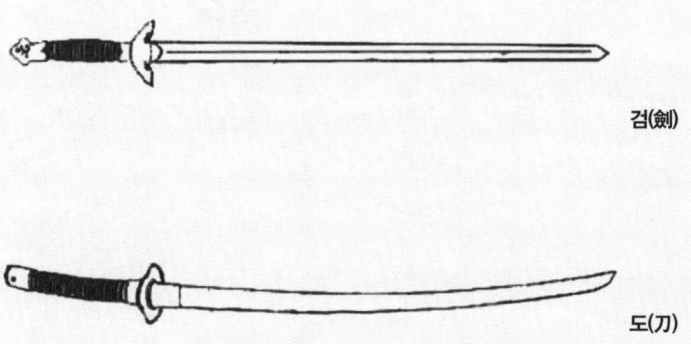

검(劍)

도(刀)

는 것으로 보아 이것 역시 신기로 생각할 수가 있습니다.

신라의 신기는 여러 가지가 있습니다. 천사옥대天賜玉帶, 금척, 만파식적萬波息笛이 있는데, 그 중 대표적인 것이 천사옥대입니다. 천사옥대는 황룡사 장륙존상, 황룡사 9층탑과 함께 신라의 3가지 보물 중의 하나로, 진평왕 1년(579년)에 천사가 궁중에 내려와 옥대를 왕에게 전하고 올라간 뒤 조상에게 큰 제사를 지낼 때는 으레 왕이 이 띠를 띠었다고 합니다. 장식한 띳돈이 62개이며, 신라가 망할 때 경순왕이 고려 태조에게 전했다고 합니다.

또 만파식적은 나라에 재난이 있을 때마다 이 피리를 불면 적병이 물러가고, 병이 낫고, 소원이 이루어진다는 피리입니다. 문무왕이 죽어서 된 해룡海龍과 김유신이 죽어서 된 천신天神이 합심하여 용을 시켜서 보냈다고 전해지는 전설상의 피리로 '온갖 파도를 잔잔하게 하는 피리' 라는 뜻을 가지고 있습니다.

검(劍)과 도(刀)의 차이점
검 날카롭고 날렵한 이미지의 양날을 모두 사용하는 칼.
도 무겁고 둔탁한 이미지의 한쪽 날만 선 형태의 칼로 가정에서 흔히 사용하는 식도 등을 말한다.

9. 만리장성을 넘어라

광개토대왕이 내물왕과 함께 한참 이야기꽃을 피우고 있을 때 전령이 달려왔다.

"폐하, 크, 큰일 났습니다. 신성新城을……, 신성을 후연의 모용수에게 빼앗겼다고 합니다."

> **신성**
> 만주 무순시(撫順市) 북동쪽의 북관산성으로 추정되는 고구려의 성. 국방상의 중요한 요충지였다.

"뭣이라고, 신성을 빼앗겼다고?"

광개토대왕이 전령의 소식을 듣는 동안 모용희는 고구려의 북쪽 땅 700리를 차지하였다.

신성을 빼앗긴 고구려 군사와 백성들은 모두 산꼭대기에 위치한 산성山城으로 도망갔다. 그러나 결코 호락호락 물러난 것이 아니었다. 적들의 침입에 대비하기 위해 산꼭대기 곳곳에 산성을 쌓아 놓은 곳으로 간 것이다. 그곳에는 백성들이 한동안 피난하여 먹고 살 수 있는 식량과 우물이 마련되어 있었다. 산성으로 피난하면서도

> **산성**
> 산 위에 쌓은 성.

고구려 백성들은 마을과 들판에 먹을 것과 입을 것을 모조리 없애는 치밀함을 보였다. 이른바 '청야작전'이었다.

남소성을 포위했던 후연 군사들은 시간이 흐를수록 식량과 의복이 부족했다. 마침내 더 이상 남소성을 포위하고 머무를 수 없을 지경에 이르렀다. 결국 모용희는 모용성에게 편지를 보냈다.

폐하,
고구려를 무너뜨린다는 것은 어려운 일인 듯합니다.
지금 군사를 돌리지 않으면 오히려 더 큰 화를 당할 수 있습니다.
군사를 고구려에서 철수하는 것을 허락해 주십시오.
―모용희

모용성은 안타까웠지만 이를 허락할 수밖에 없었다. 모용희는 고구려를 정복하지 못한 것이 못내 아쉬웠지만 군사를 후연으로 돌렸다. 고구려 백성 수만 명을 포로로 잡은 것으로 위안을 삼을 수밖에 없었다.

한편, 왜구에 이어 백제까지 정벌하려던 광개토대왕은 아쉽지만 군사를 돌려야 했다.

"백제를 치는 것은 다음으로 미루자. 우선 모용수를 응징하자. 자, 고구려로 돌아가자!"

광개토대왕의 명령에 따라 고구려 군사들은 국내성으로 말머리를 돌렸다.

고구려로 돌아온 광개토대왕은 모용수를 칠 준비에 착수했다. 경당에서 훈련받은 군사들과 매년 열리는 사냥대회를 통해 뽑은 군사들이 있었으므로 모용수를 공격하는 것은 어려운 일이 아니었다. 준비를 다 갖추었다고 생각한 광개토대왕은 왕비와 왕자인 거련을 비롯한 백성들의 환송을 받으며 출정出征에 나섰다.

출정
적을 무찌르기 위하여 싸움 터로 나감.

"폐하, 항상 몸조심하십시오. 폐하께서는 이 나라 고구려를 짊어지고 나가실 귀하고 귀하신 몸이십니다."

왕비의 인사를 받은 광개토대왕이 손을 잡으며 말했다.

"중전, 너무 걱정하지 마시오. 짐이 없는 동안 나라 안팎의 일이나 잘 살펴 주시오."

"이곳은 걱정하지 마시옵소서. 신첩이 절에서 폐하의 승리를 기원하겠습니다."

왕비와 인사가 끝나자 광개토대왕은 군사들에게 말했다.

"고구려의 병사들이여! 우리는 지난날 연나라에 큰 치욕을 당했느니라. 미천왕의 시신을 파가는가 하면, 짐의 할머니이신 고국원왕의 중전마마까지 볼모로 잡아갔느니라. 그때와 지금의 고구려는 완전히 다르다. 오늘 우리는 그때의 치욕을 씻으러 떠난다. 모든 군사들은 짐을 따르라!"

"와아!"

"만세! 만세!"

철갑기마병은 창과 칼을 높이 들면서 함성으로 답하였다.

광개토대왕을 비롯한 고구려 병사들은 오색 깃발을 나부끼며 요동지방을 향해 나아갔다. 국내성을 떠난 고구려 군사들은 며칠 동안의 행군 끝에 후연에 가까운 숙군성에 도착하였다. 숙군성은 후연의 도성인 용성에서 아주 가깝게 있는 성곽이었다. 후연은 숙군성에 평주자사를 파견하여 다스렸다. 평주자사 모용귀는 고구려 군사가 오리라고는 전혀 생각하지 못했다.

숙군성
요령성 의무려산 동쪽.

용성
오늘날의 조양.

고구려 군사들이 몰려오고 있다는 소식을 들은 모용귀는 얼굴이 새파랗게 질렸다.

"군사를 이끄는 장수는 누구라고 하더냐?"

"고구려 임금이라고 합니다."

"임금이라고?"

모용귀는 입을 다물지 못했다.

"어서 성문을 굳게 닫고 방어만 하도록 하라."

모용귀의 명령에 따라 숙군성의 군사들은 성문을 굳게 닫은 채 고구려 군사들이 성 가까이 오지 못하도록 하는데 급급했다.

광개토대왕은 부하 장수들을 모았다.

"숙군성을 점령할 수 있는 방법이 있으면 말해 보시오!"

그러자 한 장수가 나섰다.

"폐하, 우리가 성 가까이 가면 후연 군사들은 반드시 뜨거운 물과 화살을 퍼부을 것입니다. 그러므로 우리가 성의 높이에 맞게 인공산을 쌓는 것은 어떻겠습니까?"

"시간이 많이 걸릴 텐데……. 그동안 후연 군사들이 공격을 해오면 꼼짝없이 당할 것이 아니오?"

"폐하, 한편으로는 성을 공격하는 척하면서 후연 군사들의 눈을 딴 곳으로 돌리면 되옵니다. 그러는 가운데 인공산을 만들어 성 안으로 포차를 이용한 돌과 불로 공격하면 우리가 반드시 승리할 것입니다."

"모두들 들으시오. 숙군성을 우리가 점령하는 것은 많은 시간이 필요할 것이오. 부대를 2군으로 나눌 것이오. 1군은 후연 군사들의 눈을 딴 곳으로 돌리게 하고, 2군은 성보다 높은 인공산을 만들도록 하시오."

"분부대로 거행하겠사옵니다."

"그리고 우리에게 대항하는 군사가 아닌 일반 백성들은 절대로 해치지 않도록 하시오. 뿐만 아니라 그들의 가축이나 재산에도 절대 손대지 않도록 엄하게 하시오. 만일 이를 어길 경우에는 참형斬刑에 처할 것이오."

참형
목을 베어 죽이는 형벌.

"알겠습니다, 폐하!"

광개토대왕의 명령이 떨어지자 철갑기마병을 중심으로 한 1군은 때를 보아 가면서 숙군성을 공격하였다. 원래 빠르고 용감한 철갑기마병은 숙군성을 공격했다가 그들이 화살로 공격하면 빠져나오는 작전을 폈다.

한편에서는 수레 등을 이용하여 흙을 날라 숙군성보다 높게 인공산을 만들어 나갔다. 인공산의 높이가 숙군성의 성벽과 거의 같아졌을 때 갑자기 하늘에 먹구름이 끼더니 비가 쏟아졌다. 그러자 인공산이 빗물에 쓸려 무너져 내리기 시작했다. 고구려 군사들의 사기는 바닥에 떨어졌다.

광개토대왕은 하늘을 우러러보며 외쳤다.

"고구려의 시조始祖이신 추모대왕이시여! 소자를 살펴주옵소서. 지금 미천왕과 고국원왕비의 원수를 갚고자 이곳에 왔나이다. 그 원수를 갚을 수 있도록 도와주시옵소서. 이곳 요동은 우리 고구려가 꼭 차지해야 되는 땅이오니 이번 원정에 고구려 땅이 될 수 있도록 도와주시옵소서."

광개토대왕의 정성에 하늘도 감동했는지 비가 딱 멈추었다. 고구려 군사들은 함성을 질렀다.

"이제 우리가 이겼다."

광개토대왕은 인공산 쌓는 일을 더욱 서둘렀다. 손수 물을 날라다 주면서 군사들을 독려督勵했다. 곧 100명 이상이 올라가서 숙군성을 바라볼 수 있을 만한 인공산이 완성되었다.

"공격 목표는 바로 저곳이다. 저곳을 향해 집중적으로 불로 공격하도록 하라."

광개토대왕이 가리키는 곳은 모용귀가 머무는 건물과 숙군성 군사들이 먹을 식량을 쌓아 놓은 식량 창고였다. 명령에 따라 고구려 군사들은 포차를 이용하여 불화살을 날리자 식량 창고에 불이 붙었다. 후연 군사들은 불을 끄느라 정신이 없었다. 이때 철갑기마병은 재빨리 성벽에 줄사다리를 걸고 올라가 성문을 활짝 열었다.

숙군성의 모용귀는 가족을 데리고 허겁지겁 용성을 향하여 도망쳤다. 모용귀가 도망가자 숙군성 군사들의 사기는 땅에 떨어졌다.

시조
나라나 왕조, 성씨(姓氏) 등을 처음 세우거나 일으킨 사람.

독려
보살피며 격려함.

　대부분의 군사와 백성들은 무릎을 꿇고 고구려 군사들의 처분만 기다리고 있었다. 모두 절망적인 표정을 짓고 있었다.
　"숙군성 백성들은 듣거라. 우리 폐하께서 너희들에게 은덕을 베푸셨다. 너희들은 이곳 숙군성에서 하던 일을 계속하면서 고구려에 충성을 다하면 되느니라."
　이 말에 숙군성 백성들은 함성을 지르며 만세를 불렀다.
　"고구려 만세!"
　"영락대왕, 만세!"
　숙군성 백성들은 전혀 뜻밖의 말을 듣고 기뻐서 어찌할 바를 몰라 했다. 지금까지 숙군성 백성들은 선비족을 비롯한 많은 유목민

의 침입을 받았었다. 그들은 숙군성을 함락한 뒤 곧바로 숙군성의 여자들을 잡아가고 재산을 빼앗아 갔다. 만일 이에 반항하는 사람이 있으면 모두 칼로 베어 버렸다. 그런데 고구려의 병사들 행동은 전혀 달랐던 것이다. 그래서 숙군성으로 들어서는 광개토대왕을 향하여 백성들은 감사의 큰절을 올렸다.

  숙군성을 점령한 뒤 사기가 오른 광개토대왕은 모용희에게 빼앗겼던 신성도 되찾았다. 광개토대왕은 드넓은 요동 벌판을 바라보며 가슴을 활짝 폈다.

  "이제 만리장성을 넘을 때다!"

  광개토대왕은 크게 심호흡을 했다. 바로 이때 급하게 말 한 필이 달려와 광개토대왕 앞에 섰다.

"폐하, 백제와 왜군이 힘을 합쳐 대방 땅으로 쳐들어왔답니다."

광개토대왕은 되찾은 지역을 철저하게 방어하도록 군사들에게 명령을 내린 후에 백제와 왜군의 연합군聯合軍을 물리치기 위하여 말머리를 대방 땅으로 돌렸다.

> **연합군**
> 두 나라 이상의 군대가 합쳐진 군.

대방 땅에 당도했을 때 백제와 왜의 연합군은 배에서 내려 이미 대방성을 포위하고 있었다.

광개토대왕은 부하 장수로 하여금 적군을 향해 욕설을 하게 했다. 욕설로 상대의 사기를 꺾어 놓는 것도 일종의 전술이었다.

"아신아! 한번 항복했으면 그만이지, 무엇이 부족해서 또 왔느냐? 아버지가 일찍 죽어 불쌍해서 살려두었건만 은혜를 모르는 이 배은망덕한 놈아!"

그러자 적군 쪽에서도 큰 소리로 대꾸했다.

"누가 나가서 저놈의 입을 틀어막아라!"

그러나 백제와 왜의 연합군 쪽에서 나오는 사람은 아무도 없었다. 군사들은 이미 사기가 꺾여 있었다. 지금까지 광개토대왕과 싸워 한 번도 이겨본 적이 없는 백제였기 때문이었다. 그런데 갑자기 백제와 왜의 연합군 진영이 조용해졌다. 누군가 백제와 왜의 연합군이 타고 온 배에 불을 놓은 것이다. 연합군은 하는 수 없이 군사를 돌렸다.

광개토대왕은 그 뒤를 쳤다. 철갑기마병을 앞세운 고구려 군사들은 도망가는 백제와 왜의 연합군 중간을 파고들었다. 대열이 끊

기자 백제와 왜의 연합군은 무너졌고, 도망하기에 바빴다.

이제 고구려 군사들에게 적수는 없었다. 백제와 왜의 연합군을 물리친 광개토대왕은 후연을 공격하기 위해 만리장성으로 향했다.

광개토대왕이 후연을 공격한다는 소식은 모용희에게도 전해졌다. 모용성이 죽자 모용희가 후연의 왕이 된 것이다.

"어서 군사를 출전시킬 준비를 하라."

"지금은 아니 되옵니다. 날씨가 추워 시기가 좋지 않사오니 출전을 다음으로 미루는 것이 좋을 것입니다."

그러나 모용희는 신하들의 말을 듣지 않았다.

"어느 놈이 감히 짐의 말을 거역하느냐? 목숨이 아깝거든 짐의 말을 들을지어다."

모용희의 호통에 신하들은 숨을 죽였다.

407년(영락 17년) 1월, 모용희는 군사들을 이끌고 요동성으로 출발하여 성을 포위하였다. 그러나 북쪽의 찬바람이 몰아치고 눈까지 오자, 후연 군사들은 고구려군과 싸우는 한편 추위와도 싸워야 했다. 군사들은 추위에 서로를 껴안은 채 움직이지를 못했다.

"폐하, 고구려가 습격하기 전에 어서 후퇴 명령을 내리시지요."

"무슨 소리를 하는 게요? 조금만 참으면 요동성은 곧 우리 것이 될 것이오."

모용희는 고집을 부렸다.

후연 군사들이 추위에 얼어 꼼짝 못한다는 것을 알아차린 고구려군은 야간에 기습공격을 하였다.

"한 놈이라도 살려두어서는 안 된다. 공격하라!"

사기충천士氣衝天한 고구려 군사들이 추위에 떨고 있던 후연 군사들을 무너뜨리는 것은 식은 죽 먹기였다. 군사들은 차례로 쓰러졌다. 고구려의 큰 승리였다.

모용희는 부하 장수의 도움으로 간신히 목숨만 건진 채 용성으로 말머리를 돌렸다. 그러나 백성들의 시선은 싸늘했다. 풍발은 용성 성문에서 기다리고 있다가 요동성에서 돌아오는 모용희를 칼로 베었다. 풍발은 자신의 친구인 고구려 사람 고운을 임금으로 앉혔다.

고운은 임금이 되어 나라 이름을 북연北燕이라 하였다. 고운의 조상은 342년(고국원왕 12년)에 모용황의 침입을 받아 환도성丸都城이 파괴되고 5만여 명의 고구려 백성이 포로로 잡혀갈 때 요서의 청산 지역으로 함께 이사했다. 즉 이때 포로로 잡힌 고구려 왕족 고화의 손자인 고운을 후연왕 모용보가 양자로 삼은 것이다.

고운은 생각이 깊고 너그러운 데다가 침착하여 말이 적었다. 후연 백성들은 고운의 성격이 한쪽으로 치우쳐 융통성이 없다고 생각했는데, 유독 풍발만은 고운을 비범非凡한 데가 있다고 여겨 친구가 되었다. 고운은 후연왕인 모용보 때에 그의 서자인 모용회가 반란을 일으키자 결사대 100여 명을 이끌고 모용회군을 물리치고 반란을 진압하였다. 이 공으로 최고 관직인 건위장군 석양공이 되고, 모용보의 양자가 되어 모용씨慕容氏의 성을 받았다.

이후 후연 마지막 왕 모용희가 백성들로부터 많은 비난을 받자 풍발 집안의 도움을 받아 모용씨 정권을 끝내고 북연의 왕으로 오

사기충천
군사들의 용기와 기운이 하늘을 찌를 듯이 높다.

북연
후연(後燕)의 장군 풍발(馮跋)이 세운 한인(漢人)왕조(409~438년).

환도성
고구려 전기(前期)의 도읍지.

비범
보통 수준보다 훨씬 뛰어남.

른 것이다. 임금이 된 모용보는 자신의 성씨를 고씨로 고치고 고구려의 후예임을 만천하에 과시했다.

이 소식을 들은 광개토대왕은 장차 북연과 관계를 개선하고자 사신을 보냈다. 때를 맞추어 북연왕 고운이 자신의 편지를 시어사 이발을 통해 보냈다.

폐하,
북연의 왕 고운, 인사 올립니다.
소인은 고구려 백성입니다.
그리하여 폐하의 신하로서 고구려를 상국으로 모시고자 하오니 허락하여 주시기 바랍니다. 이 편지와 함께 공물을 바치오니 부디 북연을 신하국으로 받아 주시기 바랍니다.
—북연 왕 고운

고운의 편지를 받은 광개토대왕은 기뻐하며 이를 허락하였다. 이로써 광개토대왕의 영향력은 만리장성을 넘게 되었다.

고운의 북연이 광개토대왕의 고구려를 상국으로 모신다는 소문은 중원으로 퍼졌다. 유주를 다스리던 진에게도 전해졌다. 진은 곧 자신이 다스리는 13개 지역의 태수를 불렀다.

"우리가 고구려와 어떤 관계를 유지해야 하는지 여러분들의 의견을 듣고 싶소이다."

유주자사의 말에 13개 지역의 태수들은 묵묵부답默默不答이었다.

유주
오늘날 중국의 수도인 베이징 부근.

묵묵부답
묻는 말에 대답하지 않고 잠자코 있는 것을 말함.

답답한지 유주자사가 소리쳤다.

"어서 대책을 말해 보시오."

그러자 한 태수가 일어났다.

"자사 어른, 고구려에는 영락대왕과 그가 이끄는 철갑기마병이 있사옵니다. 우리가 어찌 이들과 싸울 수가 있겠습니까?"

그러자 다른 태수가 일어섰다.

"무슨 말씀이십니까? 그래도 우리 유주는 13개 지역으로 이루어진 큰 땅입니다. 어찌 가만히 앉아 담덕에게 당하기만 할 수가 있겠습니까?"

"당치않은 말입니다. 우리뿐만 아니라 죄 없는 백성들까지 희생시킬 수는 없지 않습니까?"

"이제 중원에서 고구려를 당할 나라는 없습니다. 차라리 고구려를 상국으로 모시는 것이 좋겠습니다."

그러자 유주자사 진이 벌떡 일어나 자신의 결심을 말했다.

"반대하는 태수도 있지만 대부분의 태수들이 고구려의 지배를 받는 것이 낫다고 생각합니다. 나도 고구려의 영락대왕을 주군主君으로 모시자는 데 뜻을 같이하겠소."

회의를 끝내고 유주자사 진은 전령을 광개토대왕에게로 보냈다.

폐하,

유주자사 진이옵니다.

소인이 다스리는 13개 지역을 폐하께 바치옵니다.

주군
임금을 높이어 부르는 말.

부디 소인들을 어여쁘게 여기시어 백성으로 받아 주시옵소서.
―유주자사 진 올림

편지를 받은 광개토대왕은 매우 기뻐하며 유주자사 진의 뜻을 받아들이기로 하였다.
얼마 후 유주자사 진은 태수를 거느리고 광개토대왕을 찾아왔다.
"폐하, 유주자사 진이 인사 올립니다."
광개토대왕은 가슴이 뿌듯하였다.
"어서 오라. 앞으로도 계속 유주 지역을 백성들이 살기 좋은 곳으로 다스려 주기 바라노라. 그래서 진을 유주자사로 임명하니, 진은 13개 군을 잘 다스리도록 하라."

광개토대왕은 유주자사 진으로 하여금 숙군성을 중심으로 13개 군을 다스리도록 하였다.

| 재미있는 고구려 이야기 | 09

우리나라 최초의 도서관이 고구려에서 만들어졌다면서요?

우리나라는 오랜 옛날부터 책을 많이 만들었기 때문에 이를 보관하고 계승하기 위한 도서관이 있었습니다. 책을 만들어 보관하거나 이용에 대한 관심이 높아지자, 궁궐 안에 책을 보관하는 창고 등을 지어서 옛날 책이나 글을 보관하였던 거지요.

소수림왕 이후에 전래된 불교가 널리 전파되자, 각 지역에 절이 세워지면서, 절에도 책을 보관하는 창고가 만들어져 불교 경전經傳을 보관하였습니다. 이밖에 교육기관과 관청, 개인도 책을 보관하는 창고를 만들어 도서관처럼 쓰기도 했지요.

우리나라 기록에 나타난 최초의 도서관은 고구려의 경당扃堂입니다. 고구려는 372년(소수림왕 2년)에 우리나라 최초의 국립 교육기관인 태학太學이 세워졌습니다. 이와는 별도로 개인이 세운 사설 교육기관인 경당에서는 일반 백성들의 자제들을 모아 유교 경전과 활쏘기와 검술을 익히게 하였고, 동시에 많은 책을 수집하여 여러 사람이 이용할 수 있도록 하는 등 일종의 도서관 구실을 하였습니다.

백제에서도 일찍이 ≪서기書記≫라는 국사책을 만들었던 만큼 도서관이 있었으리라 추측합니다만, 기록상으로는 풍전역 동쪽에 '책암'이라 불리는 곳이 있어서, 그 당시에 책을 보관하던 곳이었을 것이라는 가능성을 나타내기도 합니다.

신라는 고구려나 백제보다 유학이나 불교의 전래가 늦어 학문의 발전이 늦기는 했

으나, 문무왕 때인 7세기 후반에 삼국을 통일한 후 찬란한 문화의 꽃을 피웠으며, 이두吏讀와 향가鄕歌가 널리 유행하였고, 유교 경전을 해석한 책을 만들었답니다. 당나라로부터 천문, 역학 등 다양한 책들이 수입되었으므로 이러한 책들을 보관하는 도서관이 있었으리라 추측할 수 있습니다. 그러나 관련 유적이나 기록은 남아 있지 않아 매우 아쉽습니다.

고려시대는 교육체제와 과거제도가 갖추어져 책을 보관하는 창고를 세우는 일이 활발하게 이루어졌습니다. 990년(성종 9년)에 세워진 수서원修書院은 특히 책의 수입, 보존, 정리 및 활용에 관한 업무를 맡았던 곳으로, 근대적 의미의 도서관 기능을 담당했다고 볼 수 있습니다. 이밖에 왕실 문고인 비서성秘書省, 청연각淸燕閣, 보문각寶文閣 등이 있고, 실록을 보관하는 사고史庫나 수서원과 같은 관청에서 운영하는 도서관과 국자감國子監의 서적포書籍鋪와 같은 교육도서관, 그리고 개인이 만든 책을 보관하는 도서관이 있었습니다.

조선시대에는 세종 때의 집현전集賢殿, 성종 때의 홍문관弘文館, 정조 때의 규장각奎章閣 등의 왕실도서관과 국립대학인 성균관에 설치된 존경각尊經閣 같은 학교도서관이 있었습니다. 특히 존경각은 본격적인 학교도서관의 효시라 할 수 있답니다.

1906년에 개화의 선구자였던 이범구, 이근상, 윤치호 등이 도서관 설립 운동을 펴기는 했으나 실패했고, 1910년 일본인들에 의해 도서관 구락부가 세워지면서 근대적인 도서관이 생겨났습니다.

이두 한자의 음과 훈(訓 : 새김)을 빌려 우리말을 적던 표기법.
향가 삼국시대 말엽에 발생하여 통일신라시대 때 성행하다가 말기부터 쇠퇴하기 시작, 고려 초까지 존재하였던 우리나라 고유의 정형시가(定型詩歌).

10. 강대국 고구려

요동 정벌에 나섰던 광개토대왕은 계속되는 원정길로 피곤한 군사들을 쉬게 하였다. 그러자 대대로大對盧를 비롯한 신하들이 광개토대왕을 알현謁見코자 왔다.

"폐하, 이제 우리 고구려가 중원과 삼한에서 중심국가로 우뚝 올라섰습니다. 중심국가답게 웅장한 대궐을 다시 세워야 하지 않겠습니까?"

"전장戰場에서 돌아온 지 얼마 안 되는데 너무 힘들지 않겠소?"

그러나 대대로를 비롯한 신하들은 대궐을 짓는 데 의견을 같이 하였다.

"폐하, 아니옵니다. 만백성들도 우리의 힘과 권위에 걸맞은 대궐을 짓자는 데는 반대하지 않을 것입니다."

신하들이 대궐을 새로 짓자고 건의했지만 광개토대왕은 선뜻 받

대대로
고구려 12관등 중 최고 자리. 국사(國事)를 총괄하는 오늘날의 총리와 같은 직책. 임기는 보통 3년이지만, 현명한 인물, 혹은 독재자인 경우에는 얼마든지 연장할 수 있었다.

알현
임금이나 지체가 높고 귀한 사람을 찾아뵙는 일.

전장
전쟁터.

아들일 수 없었다. 대궐을 짓자면 많은 돈이 들고 백성들의 고생이 이만저만이 아니기 때문이었다.

신하들을 나가게 한 후 광개토대왕은 왕비의 처소를 찾았다.

"어서 오십시오."

왕비가 미소를 지으며 반갑게 맞아 주었다. 왕비의 미소에 광개토대왕은 그동안 쌓인 피로가 풀리는 듯하였다.

"짐이 없는 동안에 나라를 편안하게 이끌어 주어 고맙소."

"신첩이 한 일이 무엇이 있겠습니까? 오직 폐하의 뜻을 만백성들이 알아주기 때문이 아니겠습니까? 그런데 폐하, 무슨 고민이라도 있으신지요? 용안龍顔이 어둡사옵니다."

왕비는 광개토대왕의 어두운 얼굴을 살피며 조심스럽게 물었다.

"실은 신하들이 대궐을 짓자고 하오."

"신첩도 관리들의 부인과 함께 불공을 드리러 다니며 그런 얘기를 들었습니다. 대궐을 다시 짓는 것도 좋지 않겠습니까?"

"그러면 백성들이 너무 힘들지 않겠소?"

"대궐을 짓는 데 참여한 백성들의 세금을 감면해 주면 되지 않겠습니까?"

"아, 그거 좋은 생각이오."

광개토대왕은 중원과 삼한의 중심국가답게 웅장한 대궐을 지으라고 명하였다. 백성들도 공사에 참여하는 대신에 세금을 감면해 주는 것이 신나는 모양이었다.

"이제 우리나라가 중원과 삼한에서 제일 강한 나라라면서?"

용안
임금의 얼굴.

"물론이지. 모든 것이 다 폐하의 은덕이 아닌가?"

백성들은 콧노래를 부르며 즐거운 마음으로 대궐 짓는 일에 동참하였다.

대궐은 한 변의 길이가 80m 정도이며, 지붕에 얹은 암키와의 크기는 65cm나 될 정도로 웅장한 규모였다. 드디어 대궐이 완성되자 잔치가 벌어졌다. 기악대의 음악에 맞추어 광개토대왕과 신하들이 대궐로 들어섰다. 백성들은 환호성을 울리며 임금을 맞이하였다.

"영락대왕 만세!"

"만세! 만세!"

광개토대왕은 손을 들어 백성들에게 인사를 하며 말했다.

"오늘은 즐거운 날이다. 마음껏 마시고 즐기도록 하라."

광개토대왕은 신하들에게 술을 따라주며 그동안의 노고를 위로했다. 백성들도 술잔을 주고받으며 흥겨운 하루를 즐겼다.

넓은 지역을 다스리기 위해서는 유능한 인재가 많이 필요하다고 생각한 광개토대왕은 태학의 학생수를 늘려 인재를 기르는 한편, 지방에는 경당을 더욱 많이 세워 학문과 무술을 함께 갖춘 인재를 길러내는데 주력하였다.

또한 궁궐 안에도 절을 지은 후 거르지 않고 불당에서 불공을 드렸다. 불당에서 눈을 감고 있으면 많은 얼굴들이 주마등처럼 떠올랐다. 자신을 위해 목숨도 아끼지 않았던 돌고, 아버지인 고국양왕과 어머니, 그리고 중전의 얼굴이 차례로 떠올랐다. 광개토대왕은 그들의 넋이 모두 좋은 곳으로 가기를 마음속 깊이 빌었다.

그러나 광개토대왕이 가장 공을 들여 명복을 비는 사람들의 넋은 따로 있었다. 바로 고구려가 동북아시아의 강대국으로 자라날 수 있도록 도와준, 전쟁에서 죽어간 많은 병사들의 넋이었다. 그리하여 광개토대왕은 자신의 남은 생명이 다할 때까지 그들의 넋을 위해 불공을 드려야겠다고 결심했다. 그것이 고구려를 이어갈 다음 세대의 왕들을 위하는 길이라고 생각했다.

409년(영락 19년) 4월, 광개토대왕은 밤이 늦었지만 동궁東宮으로 향했다. 마침 왕자 거련은 잠을 자지 않고 글을 읽고 있었다.

동궁
황태자, 태자 또는 왕세자를 일컫는 말.

"어서 오시오소서. 아직 바람이 차가운데 어찌 주무시지 않고 이리로 납시었습니까?"

왕자는 공손하게 광개토대왕을 맞이했다.

"그러는 왕자는 어찌 잠자리에 들지 않았느냐?"

"읽어야 할 책이 있사옵니다."

광개토대왕은 거련이 읽던 책을 펼쳤다.

"≪사기史記≫라? 나도 즐겨 읽는 책이로구나. 그래, 글 읽기는 재미있느냐?"

광개토대왕은 다정하게 물어보았다.

"예, 그러하옵니다."

"글 읽기를 좋아하고, 생각이 깊으니 장차 훌륭한 임금이 될 것 같구나."

"지나친 칭찬이시옵니다. 아바마마께서는 우리 민족의 힘이 중원에 견주어 결코 떨어지지 않는다고 하셨사옵니다. 앞으로 더욱 고구려의 힘을 보여 주어야 하겠습니다."

거련의 눈빛이 밤하늘의 별만큼이나 빛났다. 광개토대왕은 밤늦도록 거련과 대화를 나누었다.

얼마 후 광개토대왕은 신하들에게 거련을 태자로 삼겠다고 발표하였다. 반대하는 신하는 한 명도 없었다. 거련의 나이 열다섯 살이었다. 광개토대왕은 거련을 태자로 책봉하고, 동부여를 정복하기 위해 준비했다. 그런 다음 거련에게 대외 전쟁의 중요성을 경험하게 하기 위해 함께 가기로 하였다. 동부여는 고구려가 중원과 백제와의 싸움에 정신이 없을 것으로 생각되어 그동안 조공도 바치지 않았다.

1년간의 준비 끝에 광개토대왕은 410년(영락 20년)에 동부여를 정복하기 위한 출정길에 나섰다. 동부여에서는 광개토대왕이 온다는 소식에 깜짝 놀랐다. 동부여왕은 부랴부랴 군사들을 모아 성문을 굳게 잠그고 싸우기로 하였다. 드디어 고구려 군사들이 동부여의 도성을 포위하였다.

"동부여왕은 항복하라. 만약 항복하지 않으면 살아남지 못할 것이니라."

광개토대왕이 쩌렁쩌렁한 목소리로 말했다.

동부여왕은 성 안에서 군사들에게 화살로 고구려 군사를 공격하도록 명령하였다. 그러나 동부여왕의 목소리는 메아리로 들릴 뿐 군사들은 전혀 움직이지 않았다. 이미 지금까지 싸움에서 패배한 적이 없는 광개토대왕의 이름과 고구려의 철갑기마병의 이름을 들어왔기 때문에 얼이 빠져 있었다. 더구나 수만 명의 고구려군 함성에, 수천에 불과한 동부여 군사들의 사기는 견줄 수가 없었다. 그러한 군사들의 모습에 기운이 빠진 동부여왕은 부족장들을 모았다. 동부여는 고대국가로 발전하지 못하고, 나라의 모든 일을 왕을 비롯한 부족장들이 회의를 통해 결정하였다.

"지금 고구려 군사들이 우리를 포위하고 있습니다. 어떻게 했으면 좋겠습니까?"

"고구려의 철갑기마병은 유명합니다. 지금까지 싸워서 져본 일이 없는 군사들입니다. 그런 군사들을 맞아 싸운다는 것은 괜한 희생만 따를 것입니다."

"맞습니다. 그냥 고구려에 항복하는 것이 좋겠습니다."

그러자 동부여왕은 고민에 빠졌다.

"우리는 오랜 기간 고구려에 조공을 바치지 않았소. 그것에 대한 책임을 물으면 어떻게 하오?"

"너무 걱정하지 않으셔도 될 것입니다. 고구려의 광개토대왕은 고구려를 상국으로 모시고자 하는 나라에 대해서는 책임을 묻지 않는다고 합니다."

"그렇습니다. 항복을 하면 죄를 묻지 않고 관리나 백성들도 모두 고구려의 백성으로 인정을 해준다고 합니다."

동부여왕은 비로소 안도의 한숨을 쉬었다. 그런 뒤 동부여왕은 성문을 열고 광개토대왕을 맞이하였다.

"폐하, 소인이 짧은 생각으로 여러 가지 잘못을 저질렀나이다.

부디 넓은 마음으로 용서해 주시기 바랍니다."

"앞으로 우리나라를 상국으로 받들라. 만일 다시 한번 이러한 일이 있을 경우에는 살아남지 못할 것이니라."

"성은이 망극하옵니다."

광개토대왕은 동부여왕의 다짐을 받은 뒤 마을의 이곳저곳을 돌아다니며 둘러보았다. 고구려 군사를 보자 동부여 백성들은 모두 몸을 숨겼다.

"백성들을 모두 이곳으로 모이도록 하라."

동부여왕은 백성들을 광개토대왕 앞으로 모이게 한 뒤 무릎을 꿇게 하였다.

"짐은 그대들을 힘들게 하기 위해서 온 것이 아니오. 여러분들의 생활을 편안하게 하기 위한 것이 짐의 뜻이오……."

광개토대왕의 말에 숨을 죽이며 눈치를 보던 동부여 백성들은 안도의 한숨을 쉬었다.

"어려운 일이 있으면 하나씩 말해 보라."

그러자 한 아낙네가 용기를 얻은 듯 쭈뼛쭈뼛 일어섰다.

"폐하, 소인의 남편은 세금을 내지 못해 감옥에 있습니다. 남편이 없으니 아이들과 함께 살기가 너무나 어렵습니다."

"세금이야 곡식을 수확하여 내면 될 일인 것을……. 쯧쯧!"

이번에는 나이가 들어 백발이 성성한 노인이 일어섰다.

"우리 같은 늙은이들은 일을 못해 먹을 것이 없습니다. 제발 먹을 곡식을 주십시오."

동부여왕은 고개를 들지 못했다. 자신이 챙겨 주어야 할 백성들의 어려움을 광개토대왕이 듣고 있으니 몸 둘 바를 몰라 했다.

광개토대왕은 백성들을 안심시키기 위해 동부여의 각지에 방을 붙이게 하였다.

나는 백성들을 편안하게 다스리지 못한
동부여왕을 처벌하기 위해 온 고구려의 영락대왕이니라.
관리들이 백성들의 재물을 함부로 훔치고 빼앗았다.
앞으로 누구든 도적질을 하면 엄히 다스릴 것이다.
그러므로 백성들은 안심하고 자신의 할 일을 성실히 할지어다.
그리고 죄 없이 감옥에 갇힌 죄수들을 모두 풀어주라.
곡식 창고의 문을 열어 어려운 백성들을 도와주도록 하라.

광개토대왕의 추상秋霜같은 명령에 따라 감옥의 문이 활짝 열렸다. 죄 없는 백성들이 모두 감옥에서 풀려나왔으며, 궁궐 곡식 창고의 문이 열렸다. 동부여 백성들은 죽임을 당할 것으로 알았는데 오히려 곡식까지 받으니 감격하였다. 만세 소리가 끊임없이 울려 퍼졌다.

"영락대왕 만세!"

"고구려 만세!"

광개토대왕은 동부여왕을 감시할 군사만 남겨둔 채 국내성으로 돌아왔다. 이 같은 소문을 들은 주변의 작은 부족들은 너도 나도

추상
가을의 찬서리를 뜻하는 것으로 위엄이 있고 서슬이 푸른 것에 비유.

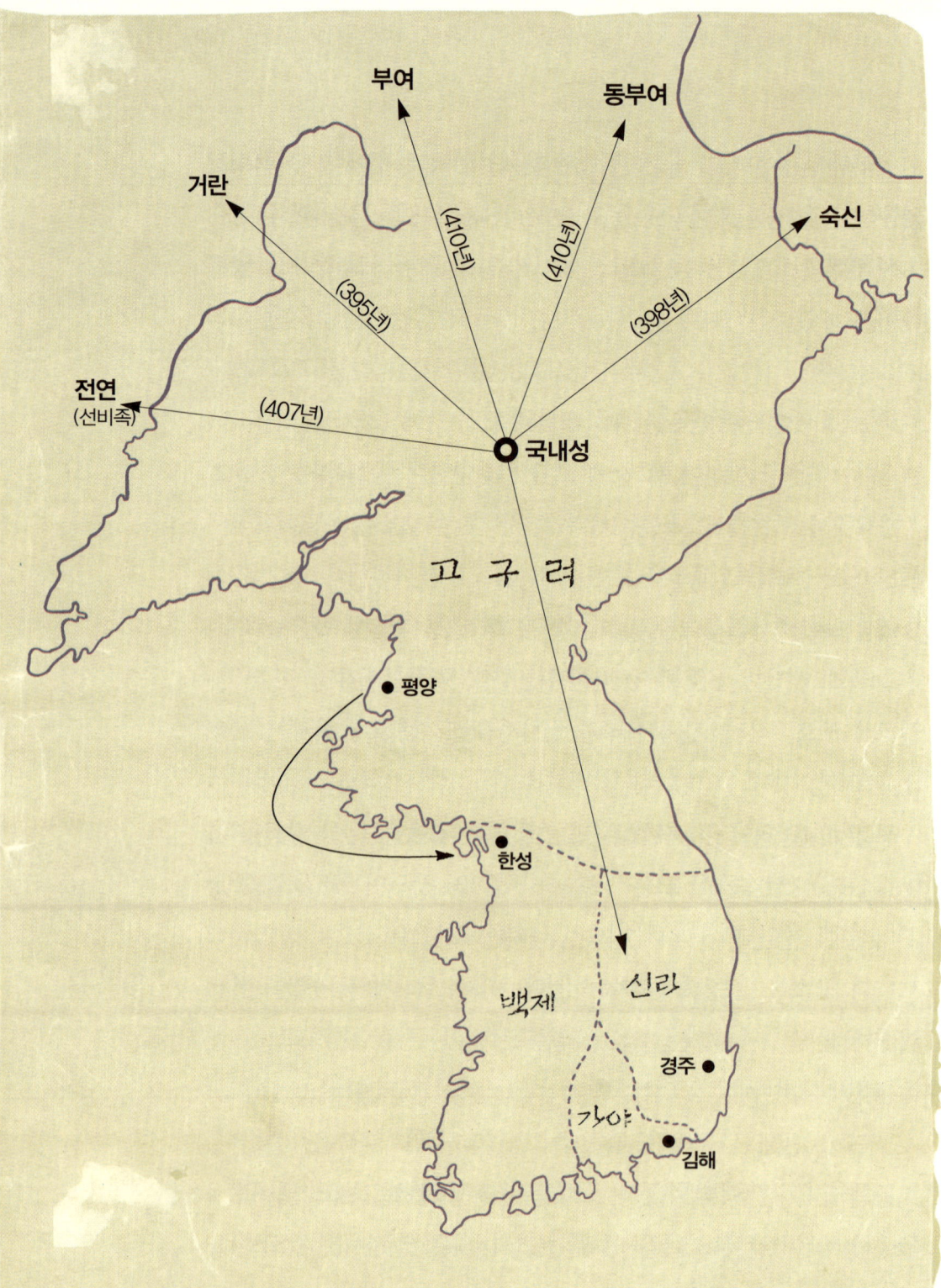

■ 고구려 전성기 지도

광개토대왕에게 고구려의 백성이 되겠노라며 찾아왔다. 광개토대왕은 그들에게 살 곳을 마련해 주고 따뜻하게 대해 주었다.

광개토대왕은 임금이 되면서 20여 년 동안 고구려의 영토로 정벌한 성만 64개이며, 1,500여 개의 마을을 차지했다.

이로써 고구려는 동쪽으로는 연해주까지, 서쪽으로는 요동반도, 남쪽으로는 한강 하류에서 원주에 이르렀으며, 북쪽으로는 송화강 유역까지 확대하였다.

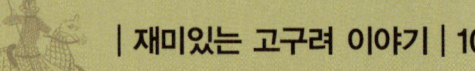
| 재미있는 고구려 이야기 | 10

고구려에서 방에 온돌을 설치했다면서요?

추위를 이기기 위한 난방법 가운데 온돌은 우리나라 고유의 것으로, 그 효율성과 과학성은 오늘날에도 높이 평가받고 있습니다.

온돌은 먼저 아궁이에서 불을 때어 방바닥 아래를 지나는 굴을 통해 연기를 통과시킵니다. 이때 연기가 방바닥에 깔린 구들장을 데워, 온도가 높아진 돌이 내뿜는 열로 방 전체를 따뜻하게 만드는 난방 방법입니다.

이 온돌을 고구려에서 처음 사용했다고 합니다. 중국 송나라 사람 구양수가 지은 ≪신당서新唐書≫에 보면 '고구려 사람들은 겨울이면 모두 긴 구덩이를 만들고 그 아래에 불을 때어 따뜻하게 하였다.'고 기록되어 있습니다.

고구려시대의 온돌은 백제와 신라에도 전해졌으며, 고려와 조선을 거쳐 오늘날까지 이어져 사용되고 있습니다. 우리가 즐겨 이용하는 '찜질방'도 온돌의 원리를 이용한 것이랍니다.

온돌은 연료나 시설이 경제적이며 간편한 구조로서, 손질을 자주 하지 않아도 되는 장점과 아울러, 의료 효과까지 인정되는 효율적인 난방법입니다. 그러나 방바닥과 윗면의 온도차가 심하여 감기에 걸리기 쉽고, 온도를 유지하기 위해 방문을 닫아 두어 환기가 잘 되지 않고, 습기가 없어져 건조하기 쉬우며, 온도 조절이 어려운 단점이 있

습니다.

  이러한 온돌은 기와집과 초가집을 가리지 않고 설치하게 되었습니다.

  기와집이라면 주로 왕궁과 관청, 사찰 등으로 이를테면 지배층이 살던 집이었지요. 이러한 기와집은 서기전 108년 한나라의 무제가 위만조선을 멸망시키고 한사군을 설치한 시기에 우리나라에 전해졌을 것으로 추측됩니다.

  일반 백성들은 초가집에 살았지만 온돌의 혜택은 계층을 막론하고 누린 셈이지요. 날씨가 고구려보다 따뜻한 백제와 신라에서는 온돌보다는 나무로 만들어진 마루가 많이 사용되었을 것으로 생각됩니다.

신당서 중국 송나라 때에 구양수·송기(宋祁) 등이 편찬한 당나라의 정사(正史). 중국 이십오사(二十五史)의 하나로, 《구당서》에 빠진 것과 틀린 것을 바로잡아 펴낸 책이다.

11. 하늘이 시샘하다

국내성으로 돌아온 광개토대왕은 태자 거련과 미행을 떠났다. 그동안 백제를 치고, 후연을 공격하며, 왜구를 막느라 밀린 일이 많았는데, 다시 제자리로 돌아와 묵묵히 일하는 백성들 모습을 보니 흐뭇하였다. 처음 도착한 마을 백성들의 얼굴에는 웃음이 가득했다. 벼농사를 짓는 사람도, 밭에서 풀을 뽑는 사람도, 새참을 내가는 아낙네의 모습에서도 행복이 넘쳐났다. 벼포기들은 짙푸른 녹색을 띠고 바람에 한들거리고 있었다.

> **새참**
> 농부나 육체노동을 하는 사람이 일을 하다가 잠시 쉬는 동안이나 식사와 식사 사이에 먹는 간단한 음식. 또는 일을 하다가 잠시 쉬는 동안을 가리킴.

광개토대왕은 냇가 둑에 걸터앉아 잠시 쉬었다.

"지금은 농사철이라서 백성들이 매우 분주할 때로구나."

"그러하옵니다."

그때였다. 아이들이 논둑에서 뭔가를 뽑아서 먹는 광경이 눈에 들어왔다. 질겅질겅 씹다가는 다시 뱉고 또 열심히 뭔가를 찾고 있었다. 광개토대왕은 논둑에서 노는 아이들을 물끄러미 쳐다보았다. 자신이 어렸을 때에는 한 번도 저렇게 한가로이 뛰어다니며 놀아본 적이 없었다는 것을 새삼 느꼈다. 광개토대왕은 아이들이 부러웠다.

"저 아이들이 뭘 저리 먹을까요? 소자가 가서 알아보고 오겠습니다."

거련을 본 아이들은 낯선 사람이라 어색해하면서도 수줍게 가르쳐 주었다.

"폐하, 이건 새순이 나온 것을 단물만 빨아먹는 삘기라고 하는 것이랍니다."

광개토대왕은 거련이 들고 온 삘기를 입에 넣고 질겅질겅 씹어 보았다.

"오, 그 맛도 괜찮은걸!"

광개토대왕은 어렸을 때 해보지 못한 것이라 그런지 흥미로웠다. 아이들은 이제 싫증이 났는지 서로 치고 달리며 놀기 시작했다. 한 아이가 다른 아이를 탁 치고는 달아났다. 그러더니 곧이어 광개토대왕 곁으로 우르르 달려와 광개토대왕을 탁 치고 달아났다. 곁에 있던 거련이 벌떡 일어나 아이들을 꾸짖으려 하자 광개토대왕이 조용히 웃으며 말했다.

"그냥 둬라. 아이들이 뛰노는 모습이 보기 좋구나. 나도 저만한 나이가 있었지……."

"아무리 어린아이들이라지만 어찌 감히 폐하를 치고 달아날 수가 있습니까?"

> **삘기**
> 띠의 어린 순으로 오뉴월에 이삭 모양의 꽃이 핀다. 어린 꽃이삭은 단맛이 있어 뽑아 먹기도 했음.

"내가 누구인지 아이들이 모르지 않느냐! 옛날에 중국의 한 높은 벼슬을 한 사람이 노비의 아이들을 무릎에 앉히고 노는 것을 즐겼단다. 게다가 그 아이들이 수염을 잡아당겨도 그저 허허 웃었다고 하더구나. 바로 그런 모습이 아이들인 게지……. 그 이야기는 나에게 사람은 신분의 높고 낮음에 상관없이 다 같다는 생각을 일깨워 주었단다."

거련은 그제야 마음이 풀어진 듯했다.

"옳은 말씀이시옵니다."

광개토대왕은 자리에서 일어나 다시 걸음을 옮겼다. 다른 마을로 가는 길목 산비탈에 한 할머니가 쪼그리고 앉아 호미질을 하고 있었다. 돌이 유난히 많아 농사를 짓기 어려운 땅처럼 보였다. 광개토대왕은 옆에 있는 내관에게 물었다.

"저 할머니는 왜 돌이 많은 산비탈을 매고 있는가?"

내관도 고개를 갸우뚱할 뿐 얼른 대답을 하지 못했다.
"잘 모르겠사옵니다."
할머니는 허리를 펴고 한숨을 몰아쉬더니, 다시 쭈그리고 앉아 돌밭을 매기 시작했다.
"할머니, 왜 돌밭을 매고 계세요?"
나이가 어린 내관이 묻자 할머니는 고개를 들고 경계하는 눈빛으로 바라보았다.
"세금 때문이라오."
광개토대왕은 세금 때문에 할머니가 산비탈을 매고 있다는 말을 듣고 깜짝 놀랐다. 그래서 내관을 시켜 그 할머니를 불러오게 했다. 할머니는 멀리서 볼 때보다 훨씬 더 나이가 든 모습이었다. 얼굴엔 온통 주름살이 가득했으며, 봄 햇살에 까맣게 그을려 있었다.
"보아하니 입성도 곱고, 귀하신 분 같은데 왜 저를 보자고 하신 겁니까?"

입성
'옷'을 속되게 이르는 말.

할머니는 바쁜 사람을 왜 불렀느냐는 투였다.
"제가 보니 돌산이 분명한데, 왜 돌산을 매고 계십니까?"
할머니는 별 참견을 다한다는 듯한 표정이었다.
"나으리가 어떻게 해줄 수 있는 일이 아닙니다요. 이 일은 나랏님이 아니고서는 하기 어려운 일이라니까요."
할머니는 귀찮다는 듯 돌아서려고 했다.
"예, 저는 나랏님하고 잘 아는 사이입니다. 그러니 혹시 압니까? 할머니의 딱한 사정을 말해줄 수 있을는지요."

광개토대왕은 인자하게 웃는 모습으로 이야기를 재촉했다.

"글쎄, 그렇다면야 또 모르지만……."

할머니는 바닥에 주저앉으며 말했다.

"먹고 살기가 너무 힘들어서 그러오. 세금도 똑같이 낼 게 아니라 사정을 봐서 내야 하는데 어디 그런가 말이오? 먹고 살아야 하니 하는 수 없이 돌밭이라도 매서 씨앗을 뿌려 봐야지요. 원, 세금이라도 좀 줄면 훨씬 살기 편할 텐데 말이오."

할머니는 바싹 말라 볼이 홀쭉하게 패인 얼굴이었다.

"할머니 사정을 나랏님에게 꼭 전해 드리지요. 제가 약속을 드리겠습니다."

"그래 주시겠소? 세상에 이렇게 고마울 데가 있나."

"보아하니 일을 하실 연세는 지난 듯한데…… 다른 가족은 없으신가 봅니다."

할머니는 긴 한숨 끝에 말했다.

"그렇지는 않아요. 식구들 중 일할 수 있는 사람이 나 하나뿐이니까 이 고생이지요."

"그럼 다른 가족이 있다는 말씀이십니까?"

곁에 있던 거련이 물었다. 할머니는 거련의 얼굴을 흘깃 본 다음 말을 이었다.

"젊은이 같은 아들이 하나 있었지요. 장가가서 며느리도 봤지요. 그런데 그 아들이 그만 북방을 지키러 갔다가 후연과의 싸움에서 죽고 말았다오. 벌써 세월이 꽤 되었는걸. 그때 며느리는 임신 중이었소. 그런데 서방이 죽었다는 말을 듣고 충격이 컸던지 계집아이를 낳고 나서 시름시름 앓더니 그만 세상을 뜨고 말았지요…….”

할머니는 손등으로 눈물을 닦아냈다.

“그렇다면 할머니는 손녀랑 둘이 사세요?”

“아니, 작은 아들이 하나 있어요. 그런데 그놈은 일에는 도무지 관심이 없답니다. 그렇다고 농사일을 거들지 않는 것은 아니지요. 제 딴에는 한다고 하지만 내 성에 차지 않아서 그렇지, 원.”

할머니는 자리를 털고 일어났다.

“이제 그만들 가보시구려. 난 일이 바빠서 이렇게 한가하게 앉아 있을 시간이 없어요.”

할머니는 돌산 쪽으로 몇 발짝 가더니 갑자기 걸음을 멈추고 말했다.

“조금 전 나랑 한 약속 잊으면 안 돼요. 억울하게 세금 내는 거 나랏님한테 꼭 말해 주셔야 해요.”

그러자 광개토대왕이 큰 소리로 말했다.

“그러지요. 나랏님한테 꼭 말씀을 드리지요.”

“고맙수.”

할머니의 발걸음이 한결 가벼워진 듯했다. 봄바람이 할머니의 치맛자락을 살랑살랑 흔들고 지나갔다.

광개토대왕이 거련에게 말했다.

“궁궐로 돌아가는 즉시 세금제도가 어떻게 되어 있는지 조사해 보아라. 그리고 전쟁에서 전사한 사람들을 위해 나라에서 할 수 있는 일도 생각해 보고…….”

"예, 아바마마!"

광개토대왕은 할머니가 힘겹게 밭을 매는 모습을 보고 세금제도를 형편에 맞게 반드시 고쳐야겠다는 생각을 했다. 또한 고구려를 위해 싸우다가 전사戰死한 군사들의 가족을 위해 무엇을 도와야 할 것인가를 생각했다.

궁궐로 돌아온 광개토대왕은 거련에게 미행을 다녀온 소감을 물었다.

"백성들의 생활을 보니 어떠하더냐?"

"곳곳에 어려운 백성들이 많다는 것을 알았습니다."

"한 나라를 다스리려면 나라의 구석구석을 잘 살펴야 하느니라. 그리고 나라를 위해 싸우다 세상을 떠난 가족들을 위한 제도도 마련해야 할 것이니라."

"알겠습니다, 폐하!"

거련은 편전을 물러나왔다.

그리고 광개토대왕이 분부한 세금에 관한 문제와 전사자들의 가족을 위한 제도를 생각하느라 잠을 이루지 못했다.

그 후 거련은 종종 혼자서 미행을 다니며 백성들의 생활을 좀 더 가까이에서 보려고 노력하였다. 백성들의 생활을 제대로 알아야 광개토대왕이 이룩해 놓은 업적을 길이 남길 수 있다고 생각했다. 어느 날, 거련이 미행을 마치고 궁궐 문을 들어서자 내관 하나가 헐레벌떡 뛰어왔다. 내관의 표정이 아무래도 심상치가 않아 불길

전사
전쟁터에서 싸우다가 죽는 것

한 예감이 들었다.

"태자마마, 아무래도 폐하의 환후患候가 심상치가 않사옵니다. 방금 내의원들이 편전으로 들었는데, 폐하께옵서 의식이 흐려지신다 하옵니다."

거련은 말에서 뛰어내렸다. 아무리 침착해야 한다고 마음을 다잡아도 안정이 되지 않았다. 편전을 향해 뛰는 거련의 발걸음은 무겁게만 느껴지고, 가슴은 세차게 방망이질을 했다.

거련이 편전에 도착했을 때는 이미 여러 신하들이 와 있었다. 신하들은 거련을 보자 울음을 터뜨렸다.

"태자마마, 아무래도 폐하께옵서……."

거련은 신하들의 어깨를 두드리며 말했다.

"어떤 일이 있어도 고구려인의 의연毅然함을 잃어서는 안 됩니다. 모든 백성들이 우리를 보고 있다는 것을 잊으면 안 됩니다. 아시겠습니까?"

거련의 말을 들은 신하들은 슬픈 가운데서도 입술을 꽉 깨물었다. 거련의 의연한 태도를 보자 신하들은 믿음이 생겼던 것이다.

광개토대왕이 실눈을 뜨고 거련을 바라보았다.

"태자는 나의 건강이 무척 염려스러운 모양이구나. 그러나 이제 태자는 마음을 굳게 먹어야 할 것이니라. 언제까지 내가 왕으로 있다고 생각해서는 안 되느니라. 알겠느냐?"

광개토대왕을 바라보는 거련의 눈에 눈물이 어렸다.

"아바마마, 제발 그런 말씀은 거두어 주시옵소서."

환후
웃어른의 병을 높여 이르는 말.

의연
의지가 굳세어서 끄떡없다.

거련의 눈에서 눈물이 흘러내렸다.

"태자는 왕의 일을 해내기 위해서는 좀 더 당차고 굳세어야 하느니라. 내 말이 무슨 뜻인지 알겠느냐?"

광개토대왕의 목소리는 전쟁터에서 적들을 제압했던 천둥 같은 것이 아니라 봄바람만큼 부드러웠다.

"아바마마……."

거련은 말을 잇지 못했다.

"태자, 짐의 말을 잘 들어야 한다. 우리는 중원의 힘을 잘 이용해야 되느니라."

"중원의 힘을 이용하다니요?"

"앞으로 중원은 나누어져 힘을 쓸 수가 없을 것이다. 어느 한 나라하고만 너무 가깝게 지내지 말고 모든 나라와 두루 가깝게 지내면 우리나라가 세상의 중심이 될 수 있을 것이니라."

"명심하겠습니다."

광개토대왕은 눈을 감고 잠시 생각에 잠긴 듯하다가 눈을 뜨고 다시 거련에게 당부했다.

"그리고 항상 중원에 많은 신경을 쓰거라. 되도록이면 그들과 싸우지 않으면서 우리나라의 이익을 찾도록 하라. 또한 새로 개척한 영토의 백성들을 우리나라 백성들처럼 아껴야 하느니라. 특히 요동지방과 아리수에 사는 백성들을 아껴주기 바란다. 그러기 위해서는 그들에게 새로운 임무를 주어야 하느니라."

숨이 가쁜지 광개토대왕은 말을 멈추었다.

"새로운 임무라니요?"

"왕릉을 지키게 하는 것이다."

"왕릉을요?"

"우리가 미천왕 할아버지의 시신을 선비족鮮卑族에게 빼앗긴 적이 있지 않느냐? 이것은 고구려의 부끄러움이니라. 이들에게 왕릉을 지키게 하면 나라의 위엄과 함께 이들에게는 고구려를 지킨다는 자부심을 가질 수 있는 기회가 될 것이니라."

말을 마친 광개토대왕은 눈을 감았다. 그동안 자신이 누빈 만주 대륙과 아리수가 떠올랐다. 광개토대왕은 거련의 손을 힘주어 꼭 쥐었다. 그리고 잠시 후 광개토대왕의 손에서 스르르 힘이 빠졌다. 거련은 광개토대왕의 몸을 흔들었다. 아무 반응이 없었다.

"아바마마!"

거련은 흐느껴 울었다. 이를 지켜보던 신하와 내관들도 눈물을 흘렸다. 이때 광개토대왕의 나이 39세였으며, 왕위에 오른 지 22년째 되는 413년 9월이었다.

> **선비족**
> 고대 남만주에서 몽골 지방에 걸쳐 산 유목민족.

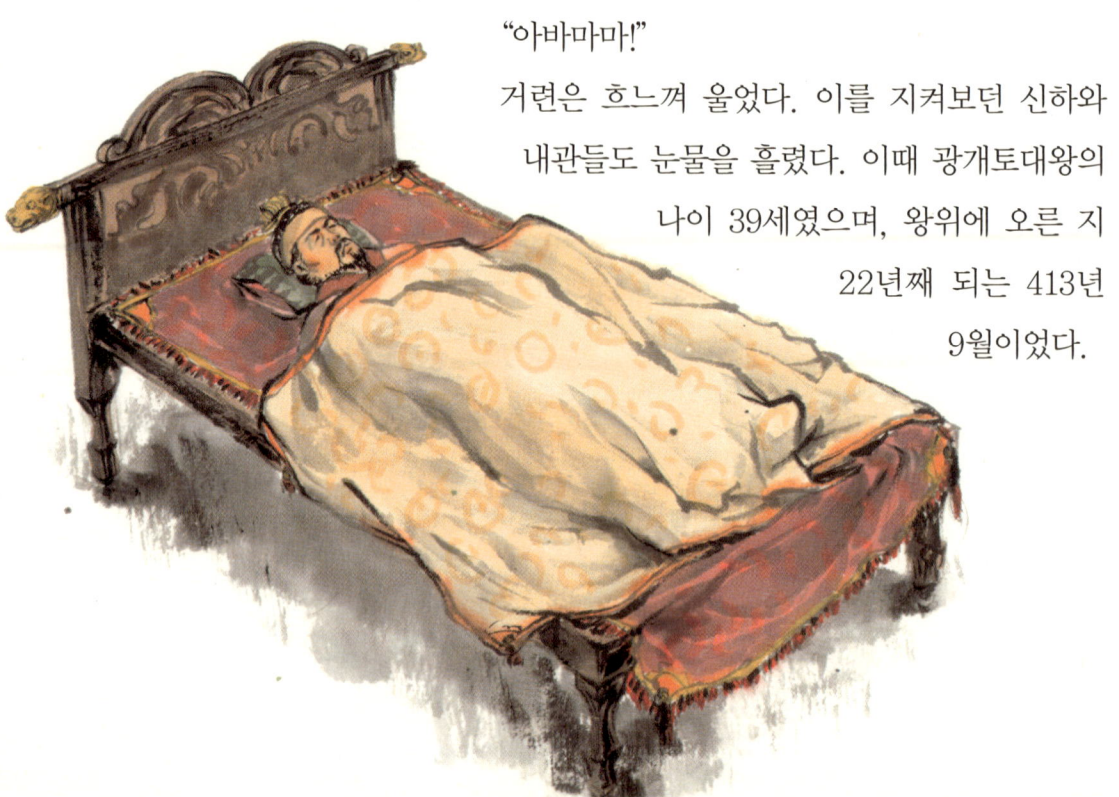

-연표

374년	고구려 제17대 소수림왕의 조카 담덕으로 탄생함. 훗날 소수림왕의 동생이었던 아버지가 제18대 고국양왕으로 즉위함.
386년	13세에 태자로 봉해짐.
391년	18세의 나이로 고구려 제19대 왕으로 즉위함.
392년	백제의 석현성과 관미성 등 10여 성을 차지함. 거란의 침입을 물리침.
393년	평양에 9개의 절을 지음.
396년	백제 아신왕의 항복을 받음.
400년	신라에 침입한 왜구를 격퇴하여 신라를 구원함. 후연의 공격을 반격하여 신성과 남소성을 되찾음.
404년	옛 대방 부근에서 백제와 왜의 연합군을 물리침.
407년	북연의 왕이 된 고운이 고구려를 상국으로 섬김.
410년	동부여 및 연해주 일부 지역을 정복함.
413년	9월, 세상을 떠남.
414년	호태왕비(광개토대왕비)가 건립됨.

| 재미있는 고구려 이야기 | 11

고구려에서는 왕이 죽으면 산 사람도 함께 묻었다면서요?

신분이 높은 사람이나 남편이 죽었을 때, 그 신하나 아내가 그 뒤를 따라 스스로 목숨을 끊거나 아니면 강제로 죽여서 함께 묻기도 하였습니다. 이를 순장殉葬 또는 순사殉死라고 하는데, 삶과 죽음이 하나라는 생각에서 나온 풍속이라고 합니다. 즉 죽어서도 생전처럼 부귀영화를 누리기를 기원하는 마음에서 비롯된 것입니다.

중국의 역사책에 의하면 우리나라에도 순장의 풍속이 있었다고 합니다. 《삼국지》〈위지魏志〉 동이전東夷傳의 '부여조'를 보면 부여에서는 귀한 사람이 죽으면 '사람을 죽여서 순장을 하니, 그 수가 많을 때에는 백 명에 이르렀다.'고 적혀 있습니다.

이 순장 풍속이 고구려에 전해진 것은 3세기 중엽, '고구려 동천왕이 죽었을 때 동천왕을 존경하던 많은 고구려 사람들이 장례일에 죽음을 택하였는데, 그 숫자가 얼마나 많았는지 다 묻지 못하여 나뭇가지를 꺾어 덮어 두었다.'고 나와 있습니다.

그럼 순장을 당한 사람은 자발적이었을까요, 강제적이었을까요?

정확히 추측하기는 힘들지만, 아마도 자발적으로 죽음을 택할 가능성이 높았겠지요. 고관대작인 남편이 죽자 아내가 스스로 죽음을 택함으로써 그 집안에 열녀烈女가 났다 하여 칭송을 받는 이야기 등은 드라마나 영화를 통해 많이 보았을 것입니다. 반면에 주인을 모시던 노예들은 강제적으로 순장을 당하지 않았을까 추측할 수 있답니다.

이후 순장은 노예의 노동력과 처첩妻妾 등의 인격이 중요하게 여겨지면서 차츰 없어지고, 흙으로 만든 인형(토용, 土俑)을 대신해 묻었답니다. 진시황의 무덤에서 토용이 대량으로 나온 것은 바로 이러한 예에서 온 것이라고 할 수가 있습니다.

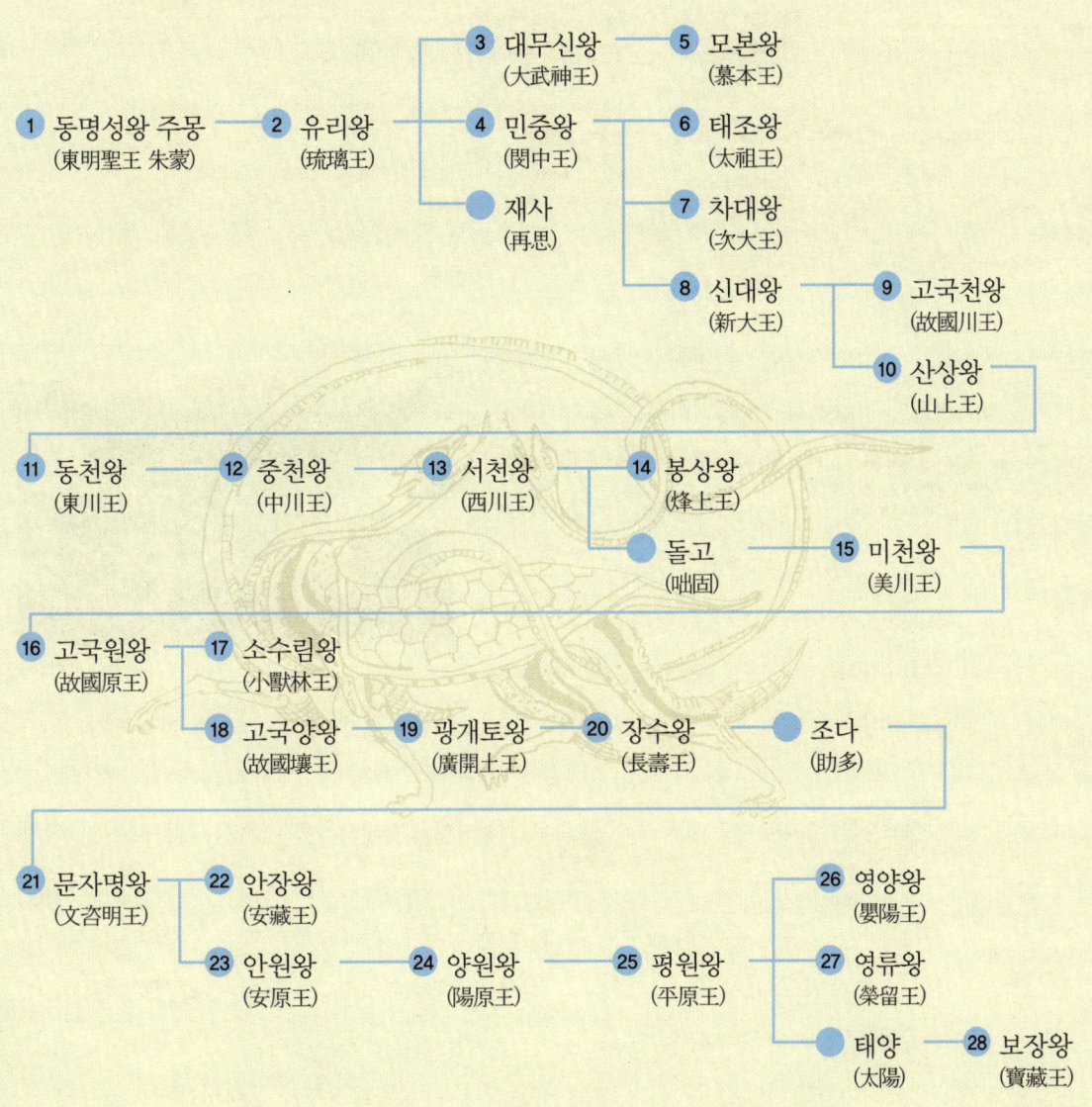

처첩 아내와 첩을 아울러 이르는 말.

| 우리 역사 바로 알기 |

일본이 거짓으로 고친
광개토대왕비 탁본

고구려의 역사를 알려 주는 유적으로 광개토대왕릉비가 있다. 광개토대왕이 죽은 지 1년 후인 414년(장수왕 2년)에 만주 지안 시앤[輯安縣, 집안현] 퉁거우[通溝, 통구]에 비석을 세웠다. 원명은 '국강상광개토경평안호태왕'이라고 씌어 있다. 이 비석은 우리나라 역사상 가장 오래되고 큰 비석이다. 이 비는 응회암으로, 아래와 위가 넓고 가운데가 좁은 형태이다. 높이는 약 6.39m 남짓, 두께 1m 40cm, 너비 1m 60cm의 자연석을 손질해서, 전후좌우 4면에 문자를 새기어 1행 41자로 44행이 씌어졌으며, 전부 1,775 자의 한자 예서체로 비문이 새겨져 있다.

비문에는 고구려가 나라를 세우는 과정에서 추모왕, 유리왕, 대무신왕이 왕위를 이어가는 과정과 광개토대왕의 즉위와 업적, 광개토대왕의 정복활동, 광개토대왕이 내린 명령 등으로 이루어져 있다.

광개토대왕릉비에서 문제가 되는 것은 일본이 3세기경부터 2세기 동안 가야의 일부를 지배하였다는 설이다. 이 근거로 그들은 광개토대왕릉비의 내용 중 '백제와 신라는 예부터 고구려의 식민지 국민으로 계속 조공하였다. 그런데 왜倭가 391년에 바다를 건너와 백제와 ㅁㅁ, 신라를 격파하여 식민지 국가로 삼았다. 이에 광개토대왕은 396년에 백제를 쳐서 승리를 하였다.' 에 근거하고 있다.

그러나 일본은 당시에 우리나라보다 미개한 나라였다. 더구나 당시 일본을 이끌고 있었던 야마토 정권은 백제의 지배를 받았고, 백제는 4세기 전반에 삼국 중에서 가장 강력한 국가였다. 그리고 중국의 산둥[山東, 산동] 반도와 랴오시[遼西, 요서] 지방, 그리고 일본의 규슈를 식민지로 하는 강력한 해상왕국을 건설하고 있었으며, 고구려를 공격하여 평양에서 고구려의 국왕인 고국원왕을 전쟁터에서 죽이기까지 한, 국력을 내외에 떨쳤던 전성기였다.

전쟁 무기에 있어서도 일본이 말을 전쟁에 이용한 것은 6세기경으로, 모든 면에서 후진국가가 경제·문화·군사적으로 선진국인 우리나라를 지배하였다는 것은 사실과 다르다. 또한 일본은 우리나라로부터 많은 문화와 기술을 배웠던 당시에 우리나라를 침략했다는 것은 있을 수 없는 일이다.

한 농부에 의해 능비가 우연하게 발견된 이후 중국과 일본에서 탁본을 통해 연구가 이루어졌다.

중국을 여행하던 일본 첩보원이 비석을 발견한 후 사카와라라는 일본 육군 중위가 글자를 변조해 탁본을 한 '쌍무가묵본'이 마련되었다.

'쌍무가묵본'은 사카와라가 비문의 글자를 억지로 떼어내고 양회를 채워 넣고 새로운 글자인 '왜(倭)' 자를 첨가하여 탁본을 한 후에, 다시 양회로 쓴 글자를 떼어낸 것이다. 특히 일본은 1905년 이전에도 여러 차례 첩보원을 만주에 파견하여 광개토대왕릉비가 어디에 있는지를 조사하여, 미리 한국의 지배를 위한 작업을 하였다. '쌍무가묵본'은 이러한 이유로 일본이 거짓으로 만든 광개토대왕비의 탁본이며, 결국 일본이 한국을 지배하기 위해 꾸민 음모의 결과라고 하겠다.

호태왕릉비

廣開土大王
The life of a great man

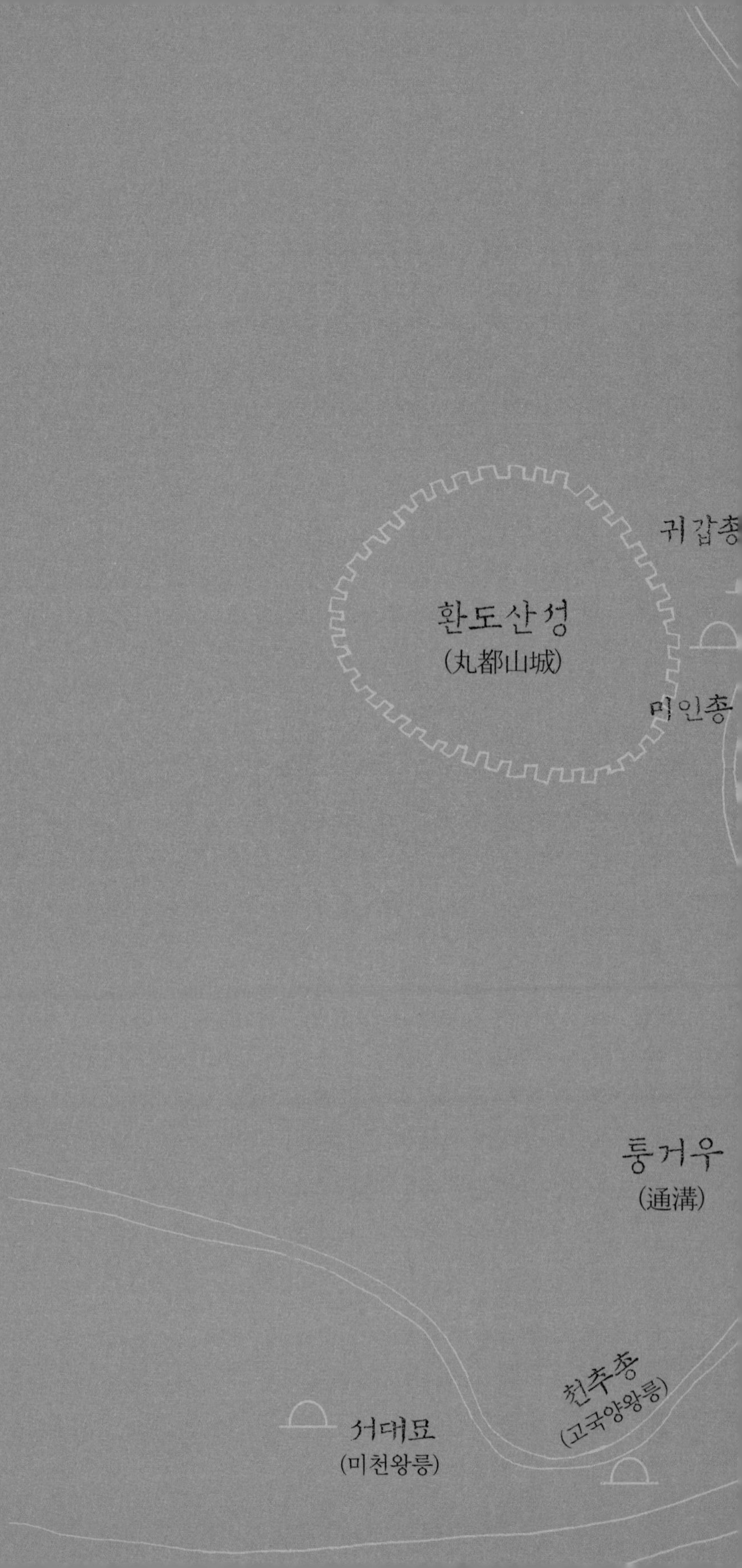

귀갑총

환도산성
(丸都山城)

미인총

통거우
(通溝)

천추총
(고국양왕릉)

거대묘
(미천왕릉)

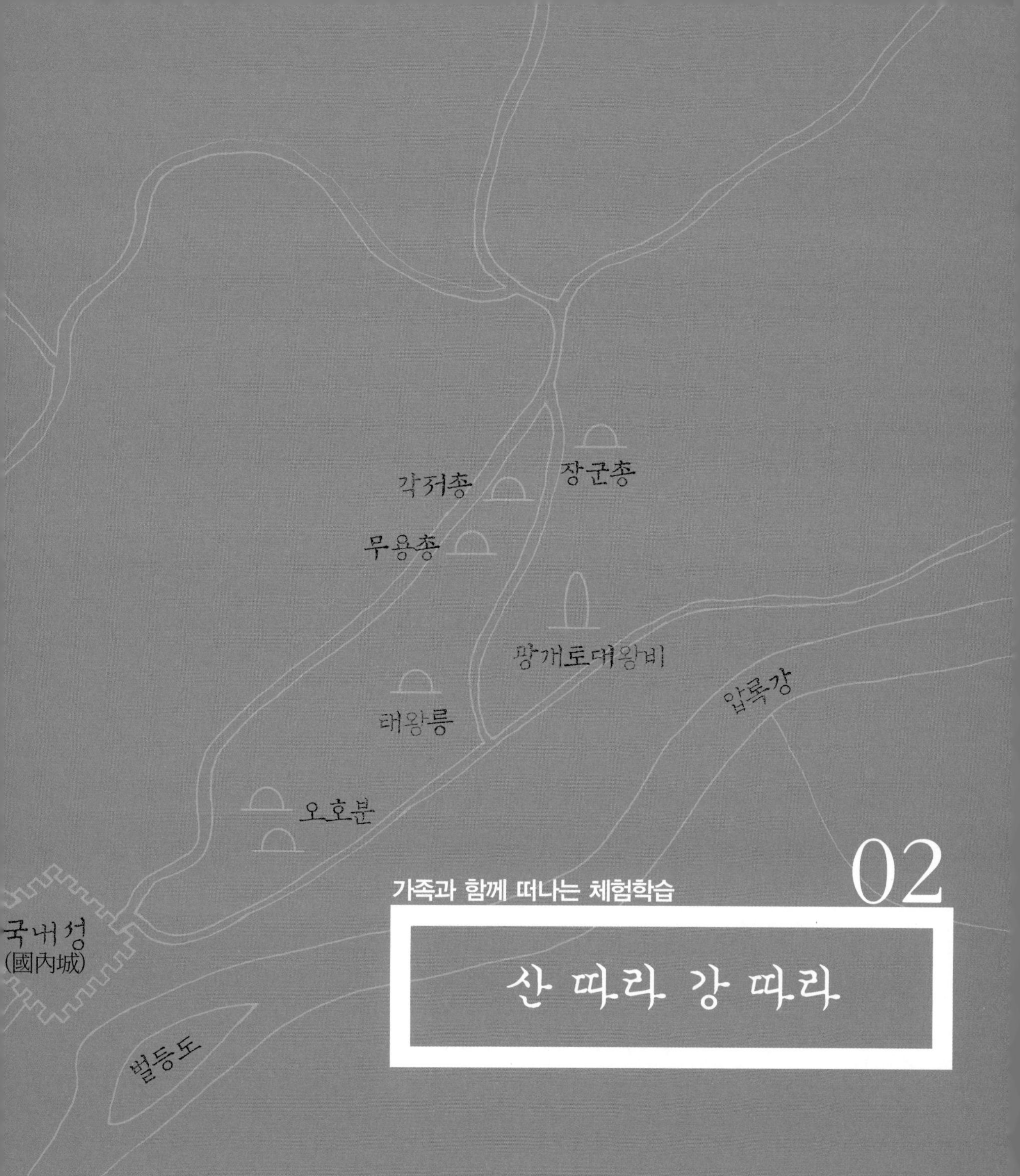

각저총 장군총
무용총

광개토대왕비

태왕릉 압록강

오호분

국내성
(國內城)

벌등도

가족과 함께 떠나는 체험학습

02

산 따라 강 따라

북한

| 가족과 함께 떠나는 체험학습 |

사진 : 박정희

1. 고구려의 기상氣像이 있는 도읍지 국내성國內城

　인천 국제공항에서 비행기에 오른 지 1시간 45분, 중국 선양(瀋陽, 심양)의 타오시앤(桃仙, 도선) 국제공항에 도착했다. 선양은 중국 동북지방(만주) 최대의 도시이며, 랴오닝성(遼寧省, 요녕성)의 성도(省都)로 문화와 행정의 중심도시이다. 상하이(上海, 상해), 베이징(北京, 북경), 티앤진(天津, 천진)에 이어 중국에서 네 번째로 큰 도시로 인구는 약 600만 명 정도라고 한다. 청나라를 세운 태조 누르하치가 수도로 정하여 한때는 융성하는 청의 정치·군사·문화의 중심지였다고 한다. 그래서 고궁을 비롯하여 북릉과 동릉 등 황제의 능들이 청의 기백을 보여 주는 도시라 할 수 있다.

　광개토대왕과 고구려의 발자취를 빨리 만나고 싶은 마음에서 곧바로 버스에 올랐다. 차창 밖으로 펼쳐지는 선양의 아름다운 풍경도 내 마음을 빼앗지는 못했다. 천 년이 훨씬 지난 세대의 후예가

선조들의 발자취를 찾아 낯선 땅을 찾았다는 감격이 가슴 설레게 했기 때문이었다. 6시간 정도를 달려왔을까. 광개토태왕릉비와 장수왕릉이 있는 곳, 바로 국내성國內城에 도착했다.

국내성은 고구려의 두 번째 수도이자 도성都城이었던 곳으로 현재의 지린성(吉林省, 길림성) 지안시앤(輯安縣, 집안현) 퉁거우(通溝, 통구)이다. 중국은 국내성을 유네스코가 지정한 세계문화유산에 등록하기 위해 2003년부터 전면적인 발굴을 시작했다. 고구려의 역사를 중국의 역사로 만들려는 이른바 '동북공정(東北工程)'의 과정이다.

'동북공정'이란 무엇인가?

중국의 동북 지방인 지린성(吉林省, 길림성), 랴오닝성(遼寧省, 요녕성), 헤이룽쟝성(黑龍江省, 흑룡강성) 일대에는 우리 한민족들이 많이 살고 있다. 또한 지앤다오(間島, 간도) 지방이 1909년 청나라와 일본에 의하여 맺어진 '지앤다오(間島, 간도) 협약'에 의하여 청나라 땅이 되었지만 이곳은 원래 우리나라 땅이었다.

지앤다오(間島, 간도)는 두만강과 송화쟝(松花江, 송화강) 사이에 있는 지역으로, 강과 강 사이에 있는 섬 같다고 하여 지앤다오(間島, 간도)라고 불린 곳이다.

남북으로 분단되어 있는 우리나라가 통일을 하면 이 땅을 달라고 할까봐, 그리고 지린성의 한민족이 독립을 추진할까봐 걱정이 되어 허겁지겁 고구려의 역사를 중국의 역사로 만들고, '현재의 중국 국토 안에서 이루어진 모든 옛 역사는 중국의 역사'라고 억지 주장을 하는 것을 말한다. 그래서 무엇보다 만주를 지배했던 고구

국내성터와 아파트

려高句麗와 발해渤海의 역사가 중요한 것이다.

《삼국사기》에 따르면 고구려는 기원전 37년에 추모왕이 고구려를 건국한 뒤 흘등골성(졸본)에 서울을 정했다. 그러다가 제2대 유리왕儒理王 22년(서기 3년) 10월에 평지에 있는 국내성으로 서울을 옮겼다. 이때부터 장수왕長壽王이 평양성으로 서울을 옮길 때까지 425년간 고구려의 정치·경제·문화의 중심지였다.

지금은 이곳을 '지안(輯安, 집안)'이라고 부르는데, 고구려와 아무런 관계도 없이 1902년에 붙여진 지명이니 안타까울 뿐이다.

국내성은 둘레가 2,686m이나 지금의 모습은 아파트의 담벼락이나 강둑을 보호하기 위한 제방처럼 성돌이 아무렇게나 나뒹구는 모습이 더욱 마음을 아프게 했다. 고구려의 웅장함과 드높은 기상은 찾을 길 없이 숨겨진 채 허울만 남아 있었다.

원래 국내성은 토성이었다. 백제에서 흙과 모래, 그리고 자갈과 짚을 섞어 다지면서 토성을 쌓은 것으로 보아 고구려도 백제와 같은 방식으로 쌓았을 것으로 추측한다. 왜냐하면 백제는 고구려와 같은 계통이기 때문이다. 고국원왕 12년(342년) 2월에 토성 위에 돌성을 쌓았던 것이다.

국내성에는 성문이 6개가 있었는데 모두 옹성 형태였다. 옹성이란, 큰 성을 지키기 위해 성문 밖에 쌓은 작은 성을 일컫는다. 마치 모양이 항아리를 반으로 쪼개놓은 것 같다고 하여 붙여진 이름이다. 설사 적이 성문 밖의 작은 성문을 통과한다 해도 성벽으로 둘러싸인 두 번째 문과 주위에서 적을 공격하여 물리칠 수 있기 때문에 고안된 것이다.

국내성 곳곳에는 치雉가 설치되어 있는데 치는 치성의 줄임말로, 제 몸을 숨기고 밖을 엿보기를 잘하는 꿩(雉, 치)의 습성을 따서 붙여진 이름이다. 보통 치의 경우 성에서 앞으로 나와 있는 3면에 담을 두르고 누각을 설치하는 것이 특징이다.

국내성이 평지에 있으니 적이 쳐들어왔을 때 무사하게 방어하면 괜찮은데, 만약에 성이 무너지면 위험하기 이를 데 없었다. 그래서 고구려에서는 곳곳에 산성을 쌓았던 것이다. 바로 대표적인 것이 환도산성丸都山城이다. 원래는 위나암성尉那巖城이었는데 산상왕山上王 2년(198년) 2월에 다시 쌓고 환도성이라고 불렀다. 성 북쪽으로

└ 환도산성

　1km 떨어진 곳에서 관구검母丘儉기공비가 발견되어 환도성임을 알게 되었다.

　환도성은 국내성에서 북쪽으로 2.5km 떨어져 있다. 가장 높은 곳이 676m로 3면은 절벽으로 되어 있고, 밖에서는 안을 보기가 힘든 성이었다. 성은 둘레가 6,951m이고, 5개의 성문이 있었는데 성문 앞에는 물이 잘 빠져나가게 하기 위해 수구문까지 만들었다. 환도성에서는 퉁거우가 한눈에 내려다보이는데 그곳에 서니 마치 옛 고구려의 군사가 된 듯한 기분이 들었다.

2. 태왕릉 앞에 서니

　환도산성에서 자동차로 2.5km를 이동하여 도착한 곳은 지린성 지안시였다. 그곳 성동대비가에는 동북아시아에서 단일 비석으로 세워진 것 중 가장 큰 광개토대왕릉비가 있다.
　이 비석에는 재미있는 전설이 전해 오고 있다.

　백두산 천지에는 암수 두 마리의 용이 살고 있었는데 이들은 자주 심술을 부려 비를 내리게 했다. 그래서 이로 인해 홍수가 나서 백성들을 어려움에 빠뜨리곤 했다. 하느님이 이를 알고 강룡석이라는 암수의 부처석을 내려보냈다.
　두 마리의 용은 강룡석의 감시로 심술을 부릴 수가 없었다. 심심해진 강룡석은 사람으로 변하여 국내성에 나왔는데 사람으로 변장한 모습이 너무나 아름다워 임금의 눈에 들었다. 임금은 암강룡석

└ 호태왕비각(광개토대왕비)

　을 보쌈하려고 하다가 수강룡석에게 들켰다. 임금은 수강룡석에게 돼지의 피를 뿌려 돌로 변하게 했다. 마음이 상한 암강룡석은 천지로 뛰어들어 죽었다.
　그 후 장수왕이 임금이 되어 아버지의 비석을 세우게 되었는데, 전국의 돌을 모두 수집하여도 마땅한 돌이 없었다. 그래서 수강룡석으로 비석을 만들었다고 한다.

　누군가 그 비석을 '바위책' 이라 했는데, 딱 맞는 표현이다. 글씨는 고구려 서체(다른 말로 고예라고도 함)로 씌어져 가볍지 않으면서도 권위적이지도 않고, 소박한 듯하면서도 힘이 가득하여 웅장한 고구려인들의 기상이 보인다. 일본인들이 글씨를 바꾸려고 했지만 감히 고구려 사람들의 글씨를 흉내낼 수는 없었다고 한다.

광개토대왕릉비는 여전히 의연하게 서 있어서 마치 한국과 일본과 중국 사이에서 고대사를 둘러싼 논쟁을 하는 것을 비웃고 있는 듯했다.

장수왕은 아버지의 업적을 조목조목 참 많이도 적어둔 듯했다. 어쩌면 4면 가득히 저리도 하고 싶은 말이 많았을까. 거란, 숙신, 부여 등 북방민족을 정벌하는 과정에서 등장하는 수많은 지명이나 당시의 갖가지 사회상황까지……. 그 치밀한 기록 덕분에 우리는 우리나라를 비롯한 동아시아의 고대사를 헤아려볼 수 있으니 고맙기 그지없는 일이다.

비석을 본 후 작은 길을 따라 태왕릉을 찾아가 보았다. 아직 논란이 끊이지 않지만 현재로선 대체로 광개토대왕릉으로 보고 있는 이 무덤은 무너질 대로 무너져 그야말로 거대한 자갈 산이 되어 있

호태왕릉

태왕릉 내부

었다. 너무나 안타까운 현실이었다. 고구려의 그 기상은 다 어디로 간 것일까!

   중국에서 1990년 이래 복원사업을 하고 있는데 태왕릉은 한 변이 63m인 이집트의 피라미드에 비교될 만한 거대한 무덤이다. 돌을 쌓아 만들었다고 하여 돌무지무덤(땅을 파거나 땅 위에다 죽은 시신을 놓고 돌을 쌓아 만든 무덤으로, 다른 말로 적석총이라고도 한다.)이라고도 불린다. 이 무덤 꼭대기에서 글자가 새겨진 벽돌이 나왔는데, '願 太王陵 安如山固如岳(원태왕릉안여산고여악)'이라는 글에서 '태왕릉'이 되었다. 서쪽으로 눈을 돌려 보면 그곳에는 돌방이 있는데, 이곳에 태왕의 시신이 누워 있었을 것으로 추정된다.

   허물어진 태왕릉을 보고 있노라니 너무나 안타까워서 마음이 무거워졌다. 우리 선조들의 위대한 역사를 우리는 너무 소홀히 했고, 지키지 못했다. 이 점은 뼈저리게 반성해야 할 부분이다. 우리가 역사를 소홀히 하면 주변국들이 언제 우리의 소중한 역사를 가로챌지 알 수 없는 일이다. 드넓은 중원의 광활한 영토, 우리 민족의 기상과 긍지가 서려 있는 우리 역사에 깊은 관심과 애정을 가지고 제대로 알아야 한다. 후손인 우리가 당연히 해야 할 일이다.

앞으로 고구려의 옛 땅인 이곳을 중국을 통해서 가는 것이 아닌, 경의선 철도를 타고 국내성을 볼 수 있기를 간절히 기원했다. 두고 올 수밖에 없는 고구려의 발자취가 내 발걸음을 마냥 무겁게 했다.

전문가가 제시하는 논술문제 10

생각과 표현

03

| 전문가가 제시하는 논술문제 10 |

출제 : 손민정

문제 01

우리나라의 단군 신화나 '그리스 로마 신화'를 보면, 현실 세계에서 일어나기 힘든 일들이 많습니다. 이것을 신화에서는 비현실적 요소라고 하지요. 본문의 내용을 참고로 하여 주몽 신화에서 나타난 비현실적인 요소를 찾아 서술하고, 그러한 비현실적인 요소가 이야기에 어떠한 영향을 끼치는지 서술하여 봅시다.

 **<< 답안**

《삼국유사》나 《삼국사기》에는 고조선의 단군 신화, 고구려의 주몽 신화, 신라의 혁거세 신화, 금관가야의 수로왕 신화 등 우리나라의 신화가 실려 있다. 신화에는 현실 세계에서 일어날 수 없는 일 또는 일어나기 힘든 일들이 나타나 있는데, 이것을 이야기의 '비현실적 요소'라고 한다. 주몽 신화에서 비현실적인 요소들을 찾아보고, 그것들이 이야기에 어떠한 영향을 끼치는지 살펴보도록 하자.

주몽 신화의 비현실적 요소를 다음과 같이 세 가지로 나누어 볼 수 있다.

첫째, 비현실적 인물들의 등장이다. 북부여 왕인 해부루와 결혼을 한 유화부인은 하느님의 딸이다. 하느님의 딸이 목욕을 하러 내려와 해부루를 만나는 과정은 현실에서는 있을 수 없는 일이다.

둘째, 주몽의 비범한 탄생에서 나타나는 비현실적 요소이다. 주몽 신화에서 유화부인이 낳은 알을 개, 돼지에게 주었으나 먹지 않았다는 내용이 있다. 또한 그 알을 들판에 버리니 새들이 날개로 덮어 주고 금와왕은 이를 깨뜨리려 하였으나 깨지지 않았다는 줄거리를 통하여, 주몽이 평범하지 않은 인물임을 알 수 있다.

　셋째, 주인공이 사건을 해결하는 과정에서 생긴 기이한 일들이다. 주몽이 재사, 무골, 묵거 등 세 사람과 함께 부여를 떠나 졸본으로 가는 과정에서 나타난 비현실적인 내용은 이야기의 절정을 이룬다.

　우리나라를 비롯한 다른 여러 나라의 신화도 마찬가지로 이러한 비현실적 내용이 많이 나타나 있다. 신화들에서 나타난 비현실적인 요소들은 이야기에 어떤 영향을 끼치는 것일까? 신화에 나타난 비현실적 요소들은 이야기의 내용을 더욱 재미있게 하고, 그 신화의 배경이 되는 나라와 인물들을 비범한 존재로 만든다. 주몽 신화에서도 주몽의 탄생이 평범하지 않았고, 주몽이 어려움을 겪어도 자라나 물고기들이 떠올라 그를 도와주는 장면이 있다. 주몽 신화의 이러한 비현실적인 내용은 백성들에게 주몽이 하느님에게 선택받았다는 선민사상을 믿게 해준 것이다.

문제 02

　우리나라는 오래 전부터 책을 많이 만들었으며, 이것을 보관하는 도서관이 있었습니다. 기록에 의하면, 우리나라 최초의 도서관은 고구려의 경당입니다. 또한 고구려 소수림왕 때에는 우리나라 최초의 국립 교육기관인 태학이 세워졌으며, 백성들의 책읽기와 청소년의 교육에 대하여 중요하게 생각하였지요. 오늘날에도 많은 사람들이 청소년들의 책 읽는 것을 중요하게 생각합니다. 그렇다면 청소년 독서의 필요성은 무엇인지 세 가지 이상의 근거를 들어 서술하여 봅시다.

<< 답안   우리가 살고 있는 현대 사회는 지식·정보화 사회이다. 살아가는 데 있어서 지식과 정보는 돈이나 다른 어떠한 것보다 중요한 가치를 지니고 있다. 우리는 중요하고 가치 있는 정보를 어디에서 얻고 있을까? 많은 사람들은 텔레비전이나 인터넷 등에서 대부분의 지식을 얻고 있다고 생각한다. 그러나 질적으로 유용하고 전문적인 지식의 상당 부분을 책을 통하여 얻는다. 인류가 책을 만들어 지식을 보관하고 이동할 수 있게 되어 사회는 다양한 영역에서 이전보다 많은 발전을 이루었다. 인류문화 발전에 기여하는 책의 역할이 지대하므로 사람들은 오래 전부터 책읽기를 강조해 왔다.

　우리는 주변에서 '청소년기에 책을 읽는 것은 많은 도움이 된다.'라는 말을 많이 듣는다. 이 말은 '독서의 중요성'과 함께 '독서 시기의 중요성'에 대하여 큰 의미를 지닌다. 독서가 중요하며, 독서는 청소년 시기에 이루어지는 것이 더욱 좋다는 의미로 해석할 수 있다. 그렇다면 청소년 독서의 필요성에 대하여 자세히 알아보자.

　첫째, 청소년 시기는 교양과 지식을 쌓아 인격을 형성하는 중요한 시기이다. 이러한 시기에 책 속의 좋은 내용은 올바른 가치관을 형성하는 데에 많은 도움이 된다. 또한 책을 통하여 많은 지식을 얻고, 그것을 활용하여 새로운 아이디어를 생성해낼 수 있다.

　둘째, 책 속에는 다른 사람들의 다양한 경험과 지혜가 드러나 있다. 청소년들은 책의 내용을 통하여 간접 경험을 하고, 그 속에서 교훈과 삶의 지혜를 얻을 수 있다. 또한 자신이 겪어보지 못한 다른 문화를 체험하고, 세계관을 넓히며, 세상을 보는 안목을 기를 수 있다.

　셋째, 독서는 읽기 능력 신장에 도움을 준다. 책은 문자 언어로 이루어져 있기 때문에 청소년들은 독서를 통해 읽기 능력과 사고 능력을 기를 수 있다.

어떤 사람은 '인터넷을 통한 지식의 보급으로 책이 사라질 것이다.' 라고 하였으나 그 예언은 맞지 않는다. 책은 여전히 우리에게 지식의 보고로서 중요한 존재이다. 그러나 요즘 청소년들은 필요한 정보가 있을 경우 인터넷 검색을 선호한다. 물론 인터넷 검색은 정보를 빠른 시간 내에 손쉽게 얻을 수 있는 이점이 있다. 그러나 책을 통하여 정보를 얻으면, 정보를 얻는 과정에서 깊이 있는 사고를 할 수 있기 때문에, 청소년들이 학문을 탐구하는 데에 더 많은 도움이 된다. 영국 속담 중에 '열지 않은 책은 종이뭉치에 불과하다.' 라는 말이 있다. 청소년들은 책의 소중함을 알고, 우리의 지식을 살찌우기 위하여 책을 많이 읽어야 하겠다.

문제 03

'고구려(高句麗)라는 나라 이름의 뜻은 무엇일까요? 그러한 이름에서 알 수 있는 고구려와 고구려 민족의 특성을 서술하여 봅시다.

<< 답안

고구려의 '고(高)' 는 높다는 뜻이고, '구려(句麗)' 는 '구루' 에서 온 말로 나라를 뜻한다. 즉 고구려는 '높고 험한 나라' 라는 뜻을 가지고 있다. 이러한 고구려라는 이름에서 알 수 있듯이, 고구려는 지형적으로 대부분 높은 산과 깊은 계곡으로 이루어진 산악 지대이다. 고구려는 압록강의 지류인 통자강(佟佳江, 동가강) 유역의 졸본 지방에 자리를 잡았다. 이 지역은 농토가 부족할 뿐 아니라 땅이 농사짓기에 부적합하여 힘써 일을 해도 수확량이 많지 않았다. 그래서 이 지역에 사는 고구려인들은 건국 초기부터 주변의 소국들을 정복하여 평야지대로 진출하

고자 하였다. 여러 차례의 정복활동을 통하여 고구려 민족은 씩씩함과 용맹을 키울 수 있었다. 예컨대, 고구려 사람들은 절할 때에도 한쪽 다리를 꿇고 다른 쪽은 펴서 몸을 일으키기 쉬운 자세를 취하였고, 걸음을 걸을 때에도 뛰는 듯한 빠른 행동을 취했다. 이와 같이 험준한 지형은 고구려인들의 성격과 삶의 태도에 많은 영향을 끼쳤다.

문제 04

고국원왕은 백성들의 삶을 살피기 위하여 미행을 하였지요. 고국원왕은 미행을 하면서 백성들의 삶이 어렵다는 것을 몸소 느끼게 되었는데, 그것을 해결하기 위하여 많은 정책을 만들었습니다. 고국원왕이 백성들을 위해 만든 나라의 정책 중에서 가장 지혜롭다고 생각되는 것을 예로 들고, 그 이유를 서술하여 봅시다.

<< 답안 고구려 왕들은 백성들의 실제 삶의 모습을 살피고, 어떤 어려움이 있는지 알기 위하여 미행을 하였다. 고구려는 산간 지역으로 이루어져 농사를 짓기에 좋은 조건이 아니었다. 그래서 백성들은 힘써 일하여도 추수한 곡물의 양이 넉넉하지 못하였다. 또한 삼국 간의 치열한 전쟁으로 세금의 부담이 컸으며, 세금을 내지 못하는 백성은 노비로 전락하는 경우도 있었다. 고국원왕은 미행을 하면서 이러한 고구려 백성들의 처지를 알게 되었다.

고국원왕은 백성들의 어려움을 구제하기 위하여 고국천왕이 만든 제도인 진대법을 실시하였다. 진대법은 식량이 부족한 봄에 나라에서 백성들에게 곡식을 빌려주었다가 추수가 끝난 후에 갚도록 하는 제도이다. 진대법 시행 후, 세금을 내지 못한 농민들이 노비로 전락하는 것을 막을 수 있었다. 또한 농민들이 갚는 곡식과 세금으로 국가의 재정을 확충할 수 있었다. 따라서 고국원왕이 실시한 진대법은 백성의 힘든 경제생활에 도움을 주고, 나라의 재정까지도 확보하는 일석이조의 효과를 얻을 수 있는 제도였다. 진대법을 통하여 고국원왕의 백성을 사랑하는 마음과, 국가의 경제적 어려움을 극복하는 지혜를 엿볼 수 있다.

문제 05

광개토대왕이 왕위에 오르기 전의 우리나라 임금들은 중국의 연호를 따라서 사용하였으나, 광개토대왕은 우리 고유의 독자적인 연호를 만들었지요. 본문의 내용을 참고로 하여 독자적인 연호 사용의 의미를 서술하여 봅시다.

<< 답안 오랜 옛날에는 황제만이 연호를 사용할 수 있었다. 중국 사람들은 '세상에서 황제는 단 한 명이며, 황제가 살고 있는 나라 또한 하나다.' 라는 생각을 당연하게 받아들였다. 이것을 바탕으로 황제가 살고 있는 황제국은 바로 중국이며, 황제는 오직 중국에만 있고, 그 나머지는 황제가 관할하는 제후국으로 생각했다. 따라서 중국 이외의 나라에서는 황제국의 연호를 그대로 사용하는 것이 일반적이었다. 독자적인 연호를 사용하는 것은 중국과 대등한 위치임을 알리고, 황제국인 중국에 대한 도전을 의미하기도 하였다. 광개토대왕은 왕위에 오르자 우리나라에

서는 처음으로 독자적인 연호를 만들어 사용하였다. 그것은 '영원히 즐거운 나라' 라는 뜻을 가진 '영락(永樂)'이라는 연호이다. 중국의 간섭을 두려워하는 신하들도 있었으나, 광개토대왕은 당당하게 우리나라의 독자적 연호를 지켜나갔다.

고유의 연호 사용은 역사적으로 많은 의의를 가진다.

첫째, 이 시기에는 왕의 힘이 대내외적으로 강했다는 것을 알 수 있다. 광개토대왕은 철갑기마병을 내세워 대내적으로는 백제와 싸워 승리하였고, 대외적으로는 왜구를 물리쳤으며, 랴오둥(遼東, 요동)을 정벌하였다.

둘째, 독자적인 연호를 통하여 고구려의 강한 자주정신을 엿볼 수 있다. 고구려는 중국을 두려워하지 않았고, 오히려 정복의 대상으로 생각하였다. 고구려인들은 자신이 세상의 중심이라는 생각과 자신감이 있었다.

셋째, 현대를 살아가는 우리들에게 독자적인 연호 사용은 많은 정신적 교훈을 준다. 오늘날 여러 나라들이 외교를 할 때, 강대국들의 이해와 상황을 따르는 경우가 종종 있다. 강대국들과의 외교에 있어서 부당한 조약이나 협약일 경우, 고구려가 지닌 자주정신과 자신감을 가지고 당당하게 부당함을 바로잡고 국가의 권리를 행사할 수 있어야 한다.

문제 06 삼국 중 다른 나라에 비하여 발달된 고구려 문화의 우수성을 본문을 참고로 하여 서술하여 봅시다.

 **<< 답안**   고구려는 삼국 중에서 가장 먼저 나라의 기틀을 마련하였고 군사·외교·문화적인 면에서 발달한 나라이다. 광개토대왕비에서 알 수 있듯이, 고구려는 동아시아의 강국으로서 발달된 문화를 가지고 있었다. 고구려의 우수성에 대하여 살펴보고, 우리들이 배우고 본받아야 할 점이 무엇인지 알아보자.

고구려는 군사적으로 뛰어난 전술과 기술을 가지고 있었다. 중원성 싸움에서는 거란족을 맞아 청야전술을 사용하여 효율적으로 격파하였다. 또한 훈련이 잘 된 철갑기마병과 발달된 군사무기를 가지고 있었고, 성을 쌓는 축성술이 뛰어나 적에 대한 방어율은 그 당시 세계 최고였다. 예를 들어, 평양성은 적을 방어하기 좋게 설계되어 있으며 규모도 매우 장대하다. 5세기 장수왕 때에는 문화적인 면에서도 많은 발전을 이루었다. 장군총, 무용총, 광개토대왕비 등에서 그 예를 찾아볼 수 있다. 이 당시 유물들은 고구려의 씩씩한 기상을 나타내면서도 예술적, 미학적으로 뛰어난 것들이 많았다. 특히, 광개토대왕비는 동양에서 가장 큰 비석으로, 고구려의 성립과 발전, 광개토대왕의 업적 등 고구려의 역사적 사실을 알려주는 소중한 자료이다.

고구려의 군사적·외교적·문화적인 측면에서의 업적을 살펴보면 그들의 정신과 기상을 알 수 있다. 수렵도에 그려진, 말을 타고 씩씩하게 사냥하는 무사들의 모습처럼, 고구려인들은 굳세고 꿋꿋하며 정신적·육체적으로 강인하였다. 광개토대왕이 즉위한 이후로는 독자적인 연호를 사용하여 중국의 제후국이 아닌, 고구려가 자주국가임을 드러내기도 하였다.

우리도 이러한 고구려의 우수성을 본받아 국방을 튼튼히 하고, 아름다운 문화유산을 많이 이룩해 내도록 최선을 다해야 할 것이다.

문제 07

고구려가 왜 불교를 국가의 종교로 도입했는지 그 이유를 본문의 내용을 참고하여 서술하여 봅시다.

<< 답안   《삼국사기》에 의하면, 소수림왕 때에 사신과 승려들에 의하여 불경과 불상이 고구려에 전해지면서 민간 경로를 통해 불교가 들어왔다고 한다. 그 후 왕실에서 불교를 수용하고 공식적으로 받아들이면서 본격적으로 고구려에 불교가 전래되었다. 당시 삼국의 정세를 보면, 고구려의 불교 수용에 대하여 쉽게 이해할 수 있다. 고구려는 소수림왕 재위 때에도 전대와 마찬가지로 백제, 신라와 치열한 공방전이 계속되었다. 고구려는 대외적으로 전쟁에 싸워 이기기를 원했으며, 대내적으로 백성들의 마음을 하나로 모아야 했다. 이러한 상황에서 고구려는 불교를 수용하게 되었다. 그렇다면 고구려가 왜 불교를 수용하였는지 구체적으로 알아보자.

첫째, 고구려는 전쟁을 일으켜 영토를 넓히는 과정에서 군사들과 백성들의 마음을 하나로 모으기 위하여 불교를 도입하였다. 고구려에서 전쟁이 계속되자 조세 부담이 무거워지고, 사회적으로 여러 가지 부조리가 드러나게 되자 백성들의 마음이 흔들리고 불만이 높아지게 되었다. 이러한 백성들의 불만을 해소하고, 그들의 마음을 하나로 모으는 데 불교는 많은 도움을 주었다.

둘째, 전쟁에서 지친 백성들의 마음을 달래기 위하여 불교를 권하였다. 절을 지어 전쟁에서 죽은 가족이 있는 백성들을 달랬다. 또한 백성들에게 불교를 '복을 비는 신앙', 즉 기복신앙으로 권장하고, 전쟁에서 피해를 입은 백성의 행복을 보상받도록 하였다.

셋째, 불교의 힘을 빌려 나라를 지키고자 하였다. 나라를 구하기 위한 목적의 불교를 '호국불교'라고 한다. 그 당시에 전쟁이 매우 잦았기 때문에 고구려뿐만 아니라 삼국의 다른 나라 불교도 '호국'의 성격을 지닌다.

이제까지 고구려가 불교를 수용하게 된 사회적 배경과 불교 수용의 이유에 대하여 살펴보았다. 요컨대, 고구려는 당시의 상황과 관련하여 백성들의 마음을 하나로 모으고, 불교의 힘을 빌려 나라를 지키고자 하는 왕실의 뜻에 따라 불교를 수용하였다. 고구려의 불교는 당시 국내외 정세를 고려한 왕실의 선택이었으며, 종교로서의 의미뿐 아니라 정치·경제·사회·문화 등 여러 분야에 많은 영향을 끼쳤다.

문제 08

고구려의 역사가 우리에게 중요한 이유를 서술하여 봅시다.

<< 답안 고구려 장군총의 수렵도를 보면, 고구려인들의 씩씩하고 패기 있는 기상을 엿볼 수 있다. 고구려는 강인한 의지와 자주정신을 가지고 국방을 튼튼히 하여 외적의 침입을 막아 '한반도의 방파제' 역할을 하였다. 또한 대륙으로 눈을 돌려 우리 민족의 무대를 중국으로까지 넓히는 자신감과 용기로 오늘날 우리에게 많은 교훈을 준다. 최근 들어 고구려의 역사가 드라마나 소설의 소재로 많이 사용되면서 고구려에 대한

사람들의 관심이 높아졌다. 그렇다면 고구려의 역사가 우리나라의 역사에서 중요한 비중을 차지하는 이유는 무엇일까?

고구려의 역사를 중국의 역사로 바꾸려는 여러 움직임 때문에 고구려의 역사에 대한 중요성이 그 어느 때보다 높아지고 있다. 이와 같은 중국의 고구려 역사 왜곡을 '동북공정'이라 한다. 중국이 '동북공정'을 추진한 이유는, 지린성(吉林省, 길림성)에 살고 있는 한민족의 독립 주장과 지앤다오(間島, 간도)를 우리나라의 영토로 주장하는 것을 미리 막기 위해서이다. 고구려의 정복지였던 이 지역은 천연자원이 풍부하고 군사적인 요충지라는 점에서 가치를 지닌다. 만약 중국이 고구려의 역사를 자신의 역사로 만들면, 한국과 중국 간의 영토 분쟁에서 이 지역을 역사적으로 중국 땅이라고 내세울 근거가 생긴다.

다음으로, 고구려가 우리에게 남긴 강인한 정신적 유산을 생각해 볼 수 있다. 고구려는 높은 산과 험준한 계곡을 그들의 터전으로 삼았기 때문에 정신적 · 육체적으로 강인하고 씩씩하였다. 세계를 무대로 그들의 영토를 확장한 고구려인들의 패기와 기상은 우리도 본받을 만하다. 전쟁 과정을 보면, 고구려 군사들은 기후, 군사의 수, 전술상의 문제점 등 여러 가지 여건이 힘든 상황에서도 포기하지 않고 끈기와 인내심을 가지고 끝까지 싸움에 임하였다. 이것은 힘든 일을 마다하고 쉬운 일만 원하는 오늘날의 청소년들에게 반성의 기회를 준다.

이제까지 중국의 역사 조작 문제인 '동북공정'으로 드러난 고구려 역사의 중요성과 고구려인이 우리들에게 남긴 정신적 가치에 대하여 알아보았다.

중국이 무리하게 역사를 조작하면서까지 고구려를 자신의 나라로 편입시키려 하는 것은 그만큼 고구려의 역사와 옛 고구려의 영토가 현대적으로 매우 가치가 있기 때문이다. 우리는 고구려의 역사를 지키는 일이 과거의 우리 역사를 지키고, 고구려의 영토에 대한 미래까지 지키는 일임을 명심해야 할 것이다.

일본이 만든 가짜 광개토대왕비의 내용이 사실이 아니라는 것을 글의 내용을 참고로 하여 서술하여 봅시다.

<< 답안   고구려는 광개토대왕이 죽은 후 만주 지안현 퉁거우에 비석을 세웠다. 이것이 바로 고구려의 역사를 알려주는 소중한 문화유적인 광개토대왕비이다. 이 비석은 우리나라 역사상 가장 오래 된 비석으로 그 규모도 크다. 그 비석의 겉에는 전후좌우 4면에 문자가 새겨져 있는데, 그것을 통하여 고구려가 나라를 세우는 과정, 고구려의 왕위가 이어져 내려온 과정, 광개토대왕의 즉위와 업적, 광개토대왕의 정복활동 등을 알 수 있다. 그런데 얼마 전 일본이 광개토대왕비의 비문을 고쳐 역사를 왜곡한 사실이 국내에 알려져 파문이 일고 있다. 가짜 비문의 내용은 일본이 300년 이후 200년 동안 가야의 일부를 지배하였다는 것이다.

일본이 가야를 지배하였다고 하지만 그것은 역사적 근거가 희박한 억지 주장에 불과하다.

첫째, 역사적 유물을 통하여 일본의 거짓 주장에 반박할 수 있다. 당시 백제가 한반도에서 가장 강한 국가였고, 일본은 백제에게 조공을 바쳐 예를 지켰다. 이것은 백제가 일본왕임을 나타내 주는 칠지도七枝刀를 통해 알 수 있다.

둘째, 가야에서 일본의 지배를 받은 흔적을 전혀 찾아볼 수 없다는 점이다. 가야가 일본의 지배를 받았다면 그들의 풍습에서 일본의 영향을 받은 흔적이 있어야 할 것이다. 그러나 지금까지 밝혀진 가야의 풍습에는 일본의 영향을 받은 일본식 문화를 찾아볼 수 없다. 또한 가야의 유물에서 일본의 영향을 받은 것이 출토되지 않았다.

셋째, 당시 일본은 가야를 지배할 만큼 발달된 국가가 아니었다. 4세기경, 일본은 국가의 체제를 갖추지 못한 미개한 나라였으며, 정치·경제·사회·문화·군사적인 여러 분야에서 우리나라에 못 미치는 후진국가였다. 오히려 우리나라로부터 많은 문화와 기술을 배우는 입장이었다.

요컨대, 일본은 가야의 일부분을 지배했다고 주장하지만 그것은 역사적인 타당한 근거가 없다. 당시 후진국가인 일본이 동북아에서 발달된 우리나라를 지배했다는 것은 이치에 맞지 않는 억지 주장이다. 일본의 이런 억지 주장에 대하여 한탄만 하고 있을 것이 아니라, 우리도 우리의 역사를 제대로 알고, 우리 역사를 세계에 알리는 노력을 해야 할 것이다. 또한 우리나라에서 실력 있는 역사학자들이 많이 배출되어 역사적으로 근거 있는 자료를 많이 발굴하고, 광개토대왕비에 대한 정확한 연구로 세계인을 설득하는 데 많은 노력을 기울여야 할 것이다.

문제 10 광개토대왕의 삶을 통하여 우리가 본받아야 할 점은 무엇인지 서술하여 봅시다.

<< 답안   역사 속 인물들은 현대를 살아가는 우리들에게 삶의 지혜와 용기를 준다. 또한 위대한 인물들은 풍부한 경험과 어려움에 대처하는 현명한 지혜를 가지고 있기에 오늘날 우리에게 많은 교훈을 준다. '역사적으로 위대한 인물은 누구인가?' 라는 질문을 받았을 때, 광개토대왕을 떠올리는 사람들이 있을 것이다. 광개토대왕은 고구려 고국양왕의 아들로 태어나 우리 역사에 많은 공을 세운 인물이다. 광개토대왕의 삶을 살펴보고 우리가 배울 점에 대하여 생각해 보자.

첫째, 광개토대왕의 삶을 통하여 자주정신과 자신감을 배울 수 있다. 고구려는 광개토대왕이 왕위에 오른 후 처음으로 '영락'이라는 독자적인 연호를 사용하였다. 아시아의 여러 나라들은 중국을 섬기고 중국의 연호를 사용하는 것이 일반적이었다. 독자적인 연호사용은 중국과 대등한 위치에서 외교를 하겠다는 의미로 해석될 수 있으며, 광개토대왕의 자주정신을 엿볼 수 있다.

둘째, 광개토대왕은 국방을 튼튼히 하였을 뿐 아니라 고구려의 세력을 한반도를 넘어서 중국 대륙으로까지 넓혔다. 왜구가 신라를 공격하였을 때 고구려는 5만의 군를 보내 몰아냈으며, 고구려에 침략한 왜구를 완전히 토벌하였다. 또한 광개토대왕은 연나라의 수도까지 진격하여 승리를 거두었고, 지금의 중국 땅을 우리의 영토로 만들었다.

셋째, 국방뿐 아니라 민생과 학문분야에도 힘써 백성들이 살기 좋은 국가를 만들기 위하여 노력하였다. 광개토대왕은 고국천왕 때 실시하였던 진대법을 부활하여 식량이 부족한 봄에 백성들에게 곡식을 빌려주어 가난한 백성들을 구제하였다. 개인이 세운 사설교육기관인 경당을 통하여 일반 백성들이 유교 경전과 활쏘기, 칼을 다루는 검술 등을 익히도록 하였다. 경당에는 많은 책을 수집하여 여러 사람들이 이용할 수 있도록 하였는데, 지금으로 말하자면 일종의 도서관과 같은 기능을 하였다.

요컨대 광개토대왕은 자주정신과 개척정신을 가지고 고구려가 동북아시아의 최고의 국가가 될 수 있도록 이끌었다. 뿐만 아니라, 사람의 생명을 소중히 여기는 온정적인 성품을 가지고 있었다. 관미성 싸움에서는 항복하는 자는 죽이지 말며, 노약자와 여자를 죽이지 말라고 군사들에게 당부를 하였다.

　이러한 광개토대왕의 강인한 의지와 성품, 그리고 우리 민족의 무대를 중국으로까지 넓힌 정신은 우리가 본받아야 할 점이다. 21세기 세계화 시대에 살고 있는 우리는 광개토대왕처럼 세계로 눈을 돌리고, 우리도 할 수 있다는 자신감을 가지고 맡은 분야에 최선을 다해야 한다.

廣開土大王

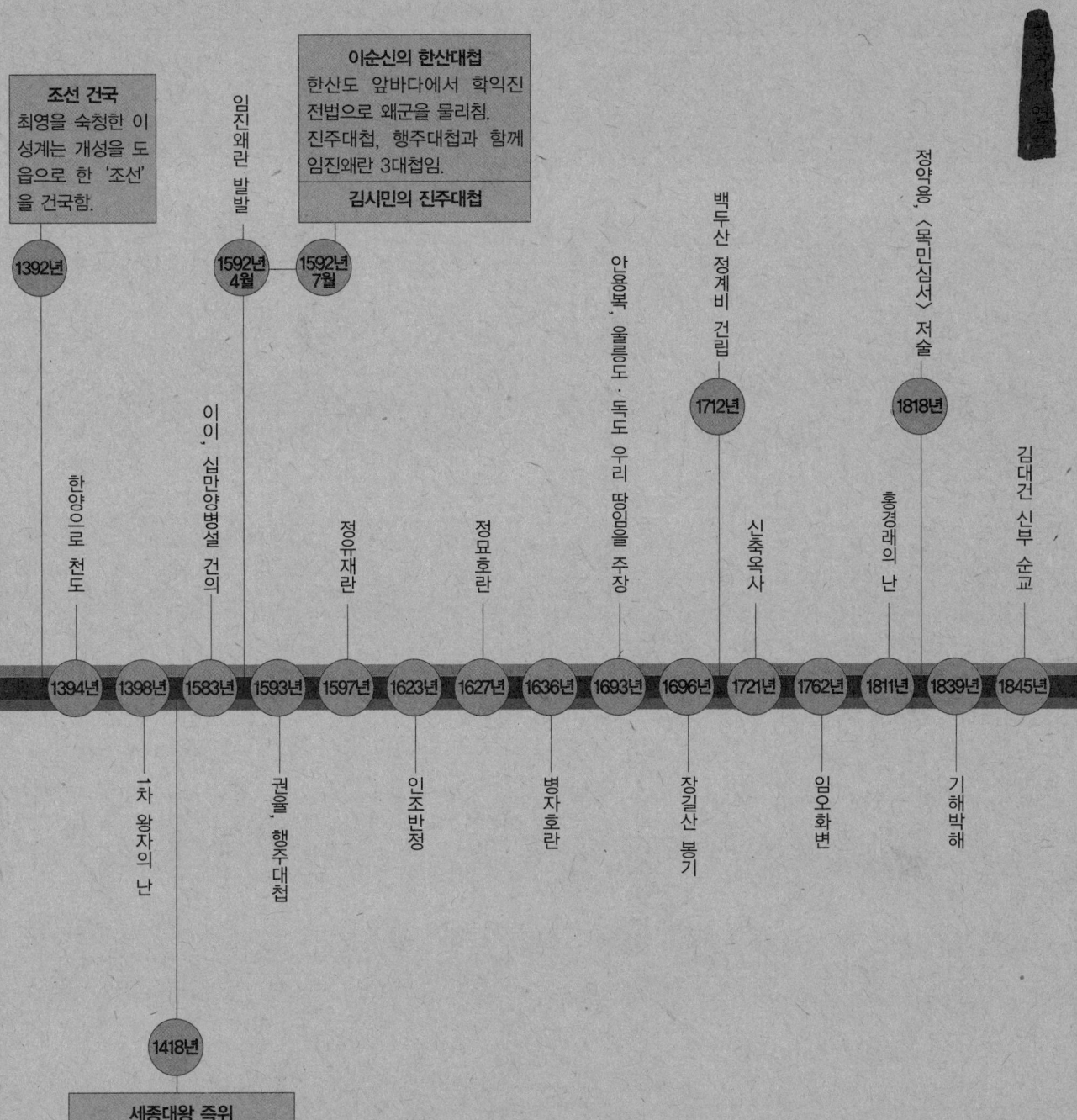

연표

- **1863년**: 흥선대원군, 정권 장악
- **1866년**: 병인양요
- **1871년**: 신미양요
- **1873년**: 대원군, 실각
- **1875년**: 운요호 사건
- **1876년**: 강화도 조약 체결
- **1881년**: 신사유람단, 영선사 파견
- **1882년**: 미국과 수호통상조약 체결, 임오군란, 제물포조약 체결
- **1883년**: 박영효, 태극기 처음 사용
- **1884년**: 우정국 설치, 갑신정변, 한성조약 체결
- **1885년**: 광혜원 설립, 거문도 사건
- **1886년**: 이화학당 설립
- **1889년**: 방곡령 선포
- **1894년**: 갑오개혁, 홍범 14조 제정, 동학 농민 운동(갑오농민전쟁)
- **1895년**: 을미사변, 을미의병 운동
- **1896년**: 아관파천, 독립협회 설립, 독립신문 창간
- **1897년**: 경인선 철도 기공, 대한제국 성립
- **1898년**: 만민공동회 열림
- **1900년**: 경인선 철도 개통
- **1904년**: 러·일 전쟁, 한일의정서 체결
- **1905년**: 을사보호조약 체결

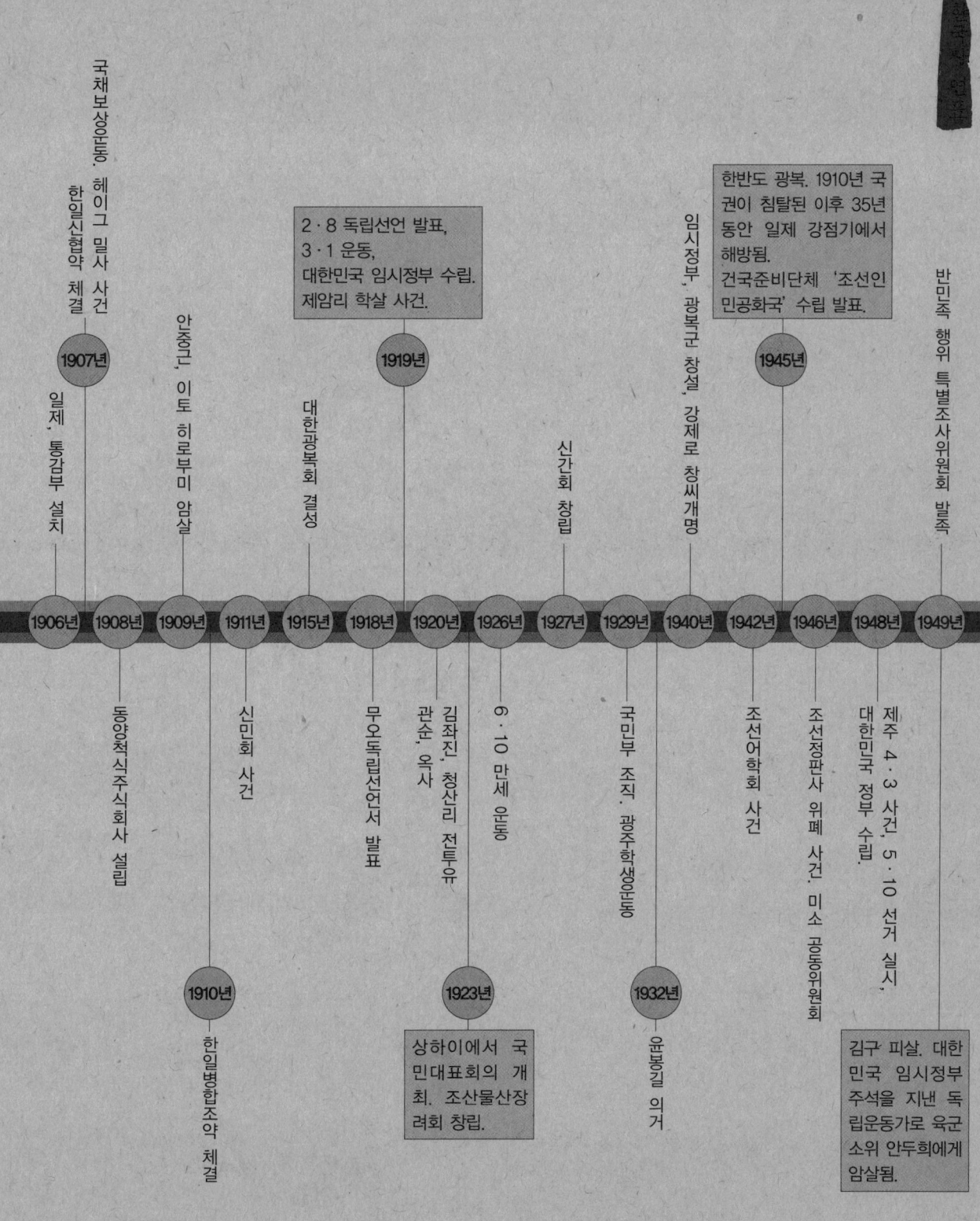

대한민국 연표

1950년 - 6·25 전쟁 발발
1951년 - 거창 양민학살 사건
1952년 - 제1차 한일회담
1953년 - 휴전협정 조인
1960년 - 3·15 부정선거, 4·19 혁명, 제2공화국 수립
1961년 - 5·16 군사 쿠데타
1962년 - 제1차 경제개발 5개년 계획
1963년 - 제3공화국 성립
1964년 - 6·3 사태, 베트남 파병
1965년 - 한일 국교정상화
1967년 - 제2차 경제개발 5개년 계획
1970년 - 새마을 운동 실시
1972년 - 7·4 남북공동성명 발표, 남북 적십자 회담 개최, 10월 유신 단행(박정희), 제4공화국 수립, 제3차 경제개발 5개년 계획
1973년 - 6·23 평화통일 선언 발표
1974년 - 영부인 (육영수) 피살
1977년 - 제4차 경제개발 5개년 계획
1979년 - 10·26 사건, 12·12 사태
1980년 - 5·18 광주 민주화 운동
1981년 - 제5공화국 출범
1886년 - 서울, 제10회 아시안 게임 개최
1987년 - 대통령 직선제로 헌법 개정
1988년 - 서울 올림픽 개최. 노태우, 제6공화국 대통령으로 취임
1991년 - 남북한 유엔 동시 가입
1992년 - 중국과 국교 수립
1993년 - 김영삼 대통령 취임
1994년 - 북한, 김일성 사망
1995년 - 유엔 안전보장이사회 비상임이사국에 선출
1996년 - 한국 OECD 가입
1998년 - 김대중 대통령 취임, 노벨평화상 수상(2000년)
2000년 - 김대중 대통령 방북
2001년 - 인천 국제공항 개항
2002년 - 월드컵 한일 공동 개최. 우리나라는 4강 신화를 이루었다.
2003년 - 노무현 대통령 취임. 대구 지하철 참사
2004년 - 노무현 대통령 탄핵 소추안 발의 및 기각
2005년 - 청계천 복원, 황우석 논문 조작 파문
2006년 - 북한 핵실험, 한미 FTA 협상